Worte und Wege zum Leben
Ein kleines Glaubensbuch

Słowa i drogi życia
Mały katechizm

Worte und Wege zum Leben

Ein kleines Glaubensbuch

Słowa i drogi życia

Mały katechizm

erarbeitet von Andreas Baur und Wilhelm Plöger
übersetzt von Jerzy Likierski

VERLAG THOMAS PLÖGER ANNWEILER/ESSEN

Bildnachweis

S. 15: Montage foto-present, Essen
S. 35: Der auferstandene Christus; romanisch, Wienhausen. Archiv
S. 48: Seewald, Bilderbibel, Herder Freiburg
S. 66: Goldene Madonna. foto-present, Essen
S. 67: Madonna von Tschenstochau
S. 72: Franz Meitinger, Donauwörth
S. 95: foto-present, Essen
S. 112: Ludgerikelch
S. 120 / 121: Lothar Nahler, Hildesheim
S. 135: foto-present, Essen
S. 167: foto-present, Essen

ISBN 3-924574-28-6

Herausgeber: Der Bischof von Essen
Umschlagentwurf: Gerd Meussen, Essen
Gesamtherstellung: Präzis-Druck GmbH, Karlsruhe

GELEITWORT

Glauben lernt man von gläubigen Menschen, von Glaubenszeugen, denen man begegnet oder von denen man erfährt. Ist das Christentum heute deswegen vielen unbekannt oder bei vielen verkannt, weil solche Begegnungen nicht stattgefunden haben?
Vor einem Jahr habe ich alle Spätaussiedler unseres Bistums in die Essener Grugahalle eingeladen. Zutiefst bewegt von unserer Begegnung und beeindruckt von ihrem Glauben wiederhole ich meinen Ruf von damals:

LIEBE LANDSLEUTE, SIE SIND UNS HERZLICH WILLKOMMEN!

Bewußt, daß das neue Kapitel Ihres Lebens mit manchen Schwierigkeiten verbunden ist, stelle ich Ihnen ein Buch zur Verfügung, das Sie zum Nachdenken über Ihren eigenen Glauben anregen und zu Gesprächen über die Botschaft der Kirche in Familie, Schule und Pfarrei ermuntern soll.
Vorab in der Familie – denn dort soll gläubiges Leben am ersten erfahren werden: in Gebet, Hinwendung zu Gott in Freude und Leid, in gläubiger Gestaltung des Alltags und des Sonn- und Feiertags, dann aber auch in der Schule, wo Glaubenswissen und Handeln nach dem Glauben überzeugend gelehrt und gelernt werden sollen. Das alles kann und muß in der Pfarrei in vielfältiger Weise aufgegriffen, weitergeführt und vertieft werden, um die uns allen gestellte Aufgabe der Evangelisierung zu erfüllen.
Das Buch ist zweisprachig gehalten: polnisch, weil viele von Ihnen, besonders aus der jungen Generation bis jetzt so gesprochen und gebetet haben und deutsch, in der Sprache Ihrer neuen Heimat. Nehmen Sie es an im Geiste unserer Kirche, in der es „nicht mehr Juden und Griechen, nicht Sklaven und Freie, nicht Mann und Frau“ gibt, „DENN IHR ALLE SEID EINER IN JESUS CHRISTUS“ (Gal 3, 28).

Ihr Bischof

(Franz Kardinal Hengsbach)

Essen, am Feste des heiligen Franziskus, dem 4. Oktober 1989

INHALTSVERZEICHNIS

SPIS TREŚCI

EIN WORT VORAUS

Seit dem II. Vatikanischen Konzil wird der Ruf nach der Erneuerung der Kirche, nach einer neuen *Evangelisierung,* immer wieder erhoben. Als die Säulen der Evangelisierung gelten:

1. Unseren Glauben kennen und bekennen
2. Unseren Glauben feiern in Liturgie und Sakrament
3. Unseren Glauben leben in der Welt

Der *Zugang* zum Glauben und seinen Lebenswerten, zu der Hoffnung, die er begründet, zur Liebe, die er entfacht, findet sich in den menschlichen Voraussetzungen, auf denen der Glaube weiterbaut. Die Gnade des Glaubens setzt natürliches Verlangen nach Wahrheit und Liebe, Fähigkeit zu Vertrauen, Hingabe, Verantwortung, Willen zum Guten voraus und weckt diese Haltungen.

Zum Leben des Glaubens in der Welt gehört besonders das *Gebet.* Es trägt das christliche Leben des Alltags, die neuen Aufbrüche und die notwendigen Verzichte. Das Gebet verleiht dem Alltag die Seele; anders ausgedrückt: Das Gebet ermöglicht die Mystik und Aszese unseres täglichen Lebens.

Darauf wollen die fünf kleinen Kapitel dieses Buches hinweisen:

– Wie finden wir Zugänge zum Glauben?
– Wie glauben und bekennen wir?
– Wie leben wir als Christen in der Kirche?
– Wie leben wir als Christen in der Welt?
– Wie beten wir als Christen alle Tage unseres Lebens?

Wo in einer Familie versucht wird, aus der hier nur kurz dargestellten Wahrheit zu leben, sie immer tiefer zu erfassen und sich an ihr zu freuen, geschieht die religiöse Erziehung der Kinder fast wie von selber; denn die *Weitergabe des Glaubens* erfolgt mehr durch Beispiel und Zeugnis als durch Belehrung. Sie geschieht wesentlich durch den täglichen, vom Glauben geprägten Lebensvollzug, durch Gebet, die Feier der Sonn- und Feiertage, den Empfang der Sakramente und durch das geduldige, helfende und bekennende Wort.

Auch die christliche Freude hat ihren tiefsten Grund in der Zuversicht des Glaubens, in der Kraft der Hoffnung und in der tief begründeten christlichen Liebe.

PRZEDMOWA

Od Soboru Watykańskiego II wciąż na nowo podnoszą się głosy, domagające się odnowienia Kościoła i nowej *ewangelizacji.* Do filarów ewangelizacji można zaliczyć:

1. Poznawanie i wyznawanie wiary.
2. Uroczyste świętowanie wiary w liturgii.
3. Życie według wiary w świecie.

Do wiary i jej życiowych wartości, do nadziei, którą wiara uzasadnia i do miłości, którą ona wznieca, dochodzimy poprzez naturalne przesłanki, na których wiara dalej buduje. Łaska wiary zakłada i wzmacnia wrodzone człowiekowi dążenie do prawdy i miłości, zdolność zawierzenia i poświęcenia się, poczucie odpowiedzialności czy dążenie do dobra.

Z wiarą nierozerwalnie złączona jest *modlitwa.* Na niej opiera się życie chrześcijańskie w dniu codziennym; ona daje siły do nowych zrywów i nieodzownych wyrzeczeń. Modlitwa jest duszą dnia powszedniego. Bez niej nie ma ani mistyki, ani ascezy. O tym właśnie traktuje niniejsza książka, która w pięciu krótkich rozdziałach wskazuje:

- Jak dochodzimy do wiary?
- Jak wierzymy i wyznajemy?
- Jak żyjemy jako chrześcijanie w Kościele?
- Jak żyjemy jako chrześcijanie w świecie?
- Jak się modlimy jako chrześcijanie przez całe nasze życie?

W rodzinach, które próbują żyć przedstawionymi tu krótko prawdami, pojmować je coraz głębiej i znajdować w nich radość, religijne wychowanie dzieci następuje niejako samoczynnie. Wiarę przekazuje się bowiem bardziej przez dobry przykład i świadectwo aniżeli przez pouczanie. *Przekazywanie wiary* dokonuje się zasadniczo przez codzienne jej praktykowanie, modlitwę, święcenie niedzieli i świąt, przyjmowanie sakramentów oraz cierpliwe słowo, które pomaga i daje świadectwo.

Także radość chrześcijańska ma swoją najgłębszą podstawę w przekonaniu wiary, w mocy nadziei i głęboko zakorzenionej chrześcijańskiej miłości.

FRAGEN AUF DEM WEG INS DRITTE JAHRTAUSEND

Am Ende dieses Jahrhunderts leben viele Menschen länger, angenehmer, informierter, gesünder, beweglicher als dies früher möglich war.
Aber leben wir froher, glücklicher? Haben wir weniger Angst? Gehen wir besser miteinander um? Da gibt es sicher nicht nur ein Ja. Wir sind in Gefahr, trotz großer Fortschritte viel Gutes und Wertvolles zur verlieren; auch den Glauben.
Dieses kleine Buch will helfen, den christlichen Glauben in unserer Zeit bewußt zu leben.
Wir fassen uns in diesem Buch sehr kurz. Ausführlicher haben wir für Kinder, Eltern und Lehrer in *„Mein Glaubensbuch“* dies dargestellt; gründlicher noch in *„Botschaft des Glaubens“*. Unsere Bischöfe haben im Katholischen Erwachsenenkatechismus den Glauben der Kirche in theologisch vertiefter Weise dargelegt. Dem Fragenden und Suchenden fehlt es also nicht an Hilfsmitteln, Antwort zu finden.
Wichtiger ist aber, die Botschaft von unserem Heil nicht nur zu wissen, sondern freudig im Herzen aufzunehmen und sie zu leben, so gut es uns gelingt. Dazu möchte dieses kleine Buch in Wort und Bild Wege zeigen und die Leser anregen, es oft zu benutzen und dadurch Zugänge zu finden zu einem Leben mit Gott.

PYTANIA NA DRODZE KU TRZECIEMU TYSIĄCLECIU

Pod koniec naszego wieku wielu ludzi żyje dłużej, zdrowiej i przyjemniej aniżeli kiedyś. Większe są też możliwości podróżowania, lepsza informacja.
Czy jednak staliśmy się przez to radośniejsi i szczęśliwsi?
Czy mniej w nas lęków?
Czy jesteśmy lepsi dla naszych bliźnich?
Na pytania te nie możemy niestety odpowiedzieć bez zastrzeżeń: „tak". Co gorzej, mimo wielorakiego postępu, coraz bardziej grozi nam niebezpieczeństwo utraty wielu wartości, w tym i wiary. Książeczka ta ma nam pomóc bardziej świadomie żyć po chrześcijańsku w świecie współczesnym. Prawdy wiary ujęte są w niej krótko i węzłowato. Obszerniej przedstawione są one w przeznaczonym dla dzieci, rodziców i nauczycieli katechizmie *„Mein Glaubensbuch"*, a jeszcze dogłębniej w *„Botschaft des Glaubens"*. Oprócz tego istnieje *„Katholischer Erwachsenenkatechismus"*, w którym nasi biskupi przedstawiają naukę Kościoła z pogłębionej perspektywy teologicznej. Jak widzimy, nie brak środków umożliwiających szukającym znalezienie odpowiedzi na dręczące ich pytania. Nie wystarcza jednak sama znajomość treści nauki o naszym zbawieniu. Trzeba ją jeszcze radosnym sercem przyjąć i według niej w miarę możliwości żyć.
Mamy nadzieję, że często brać będziecie tę książkę do ręki, by poprzez jej słowa i obrazki znaleźć drogę do życia z Bogiem.

I. Wie finden wir Zugänge zum Glauben?

I. Jak znajdujemy dostęp do wiary?

Der 19. Psalm beginnt mit den Worten:

Die Himmel rühmen die Herrlichkeit Gottes,
vom Werk seiner Hände kündet das Firmament.
Ein Tag sagt es dem anderen,
eine Nacht tut es der anderen kund,
ohne Worte und ohne Reden,
unhörbar bleibt ihre Stimme.
Doch ihre Botschaft geht in die ganze Welt hinaus,
ihre Kunde bis zu den Enden der Erde.

Psalm 19 rozpoczyna się słowami:

Niebiosa głoszą chwałę Boga,
dzieło rąk Jego obwieszcza nieboskłon.
Dzień opowiada dniowi,
noc nocy wiadomość przekazuje.
Nie są to słowa ani nie jest to mowa,
których by dźwięku nie usłyszano,
ich słowa aż po krańce świata.

FRAGEN

Woher kommen wir?
Wohin gehen wir?
Was sollen wir?
Was sind wir?

Das sind wichtige Fragen. Sie begleiten uns solange wir leben. Viele wissen darauf keine befriedigende Antwort. Sie möchten darum die Fragen am liebsten nicht stellen. Aber unser ganzes Leben fragt: *Woher, wohin, wozu, warum?*
Wir Christen geben Antwort auf diese Fragen. Im Glauben sehen wir:

> Gott hat uns erschaffen – wir kommen von Gott
> Gott schenkt uns Zukunft – wir gehen zu ihm
> Gott zeigt uns den Weg – wir folgen seinen Weisungen
> Gott liebt uns – wir sind seine Kinder

Das wissen wir durch Gottes Wort, das uns die Kirche überliefert und auslegt. Ihre Glaubensquelle ist die Heilige Schrift und die Überlieferung. Sie enthält Gottes Offenbarung.

Aber wir täuschen uns nicht, wir wissen auch:

Gott ist ein Geheimnis.
Die Welt, die er geschaffen hat, gibt viele Rätsel auf.
Unser Leben, das Gott uns geschenkt hat, ist auch von Leid und Sünde bedroht.
Wir Menschen können blind sein für Gott und für das Wahre, das Gute, das Rechte.
Wir können irren und schrecklichen Irrwegen folgen.
Darum danken wir Gott, daß er uns das Licht des Glaubens, die Zuversicht der Hoffnung, die Kraft zur Liebe geschenkt hat.
Wir wissen: *Wir sind auf Erden, um Gott zu erkennen, ihn zu lieben, ihm zu dienen und einst ewig bei ihm zu leben.*
Das ist die wichtigste Wahrheit für uns Menschen in dieser Welt.

> Herr, lehre uns dich suchen und nach dir fragen.
> Herr, lehre uns dich erkennen und dich lieben.

PYTAĆ

Skąd pochodzimy?
Dokąd idziemy?
Co powinniśmy?
Czym jesteśmy?

To są ważne pytania. Towarzyszą nam one przez całe życie. Wielu ludzi nie znajduje na nie zadowalającej odpowiedzi, dlatego woleliby ich najchętniej nie stawiać. Przez całe nasze życie pytamy jednak: *skąd, dokąd, po co, dlaczego?*
Chrześcijanie mają na to odpowiedź. W świetle wiary widzimy:

Bóg nas stworzył – od Niego pochodzimy.
Bóg obdarza nas przyszłością – do Niego idziemy.
Bóg wskazuje nam drogę – żyjemy według Jego wskazań.
Bóg nas kocha – jesteśmy Jego dziećmi.

Poucza nas o tym słowo Boże, które Kościół przekazuje i wyjaśnia. Źródłem wiary Kościoła jest Pismo Święte i Tradycja. W nich zawarte jest Objawienie Boże.

Nie chcemy jednak się łudzić. Wiemy bowiem, że:

Bóg jest tajemnicą.
Stworzony przez Niego *świat* jest pełen zagadek.
Życie, którym Bóg nas obdarzył, zagrożone jest przez cierpienie i grzech.
Ludzie mogą być ślepi na Boga i na to, co prawdziwe, dobre i prawe; mogą się mylić i krążyć po strasznych bezdrożach.
Dlatego dziękujemy Bogu, że nas obdarzył światłem wiary, niezłomną nadzieją i zdolnością miłowania.
Wiemy: *Jesteśmy na ziemi, aby Boga poznać, pokochać, Jemu służyć i kiedyś na zawsze u Niego żyć.*
To jest najważniejsza prawda dla nas ludzi na tym świecie.

Panie, naucz nas Ciebie szukać i o Ciebie pytać!
Panie, naucz nas, jak Ciebie poznać i kochać!

STAUNEN

Warum staunen?

Die Welt, in der wir leben, ist wunderbar. Jede Blume, jeder Käfer, jeder Schmetterling ist zum Staunen. Jede sternenglänzende Nacht erfüllt uns mit Bewunderung. Wir müssen nur die Augen auftun: alle Geschöpfe sind zum Staunen. Auch viele Werke und Leistungen der Menschen sind staunenswert. Am meisten aber sind wir Menschen selber wunderbar geschaffen. Und wir können einander Freude bereiten und füreinander ein Segen sein.

Worte der Bibel

Die Himmel rühmen die Herrlichkeit Gottes, vom Werk seiner Hände kündet das Firmament.

Psalm 19,2

Du hast mein Inneres geschaffen, mich gewoben im Schoß meiner Mutter. Ich danke dir, daß du mich so wunderbar gestaltet hast.
Ich weiß: staunenswert sind deine Werke.

Psalm 139,13–14

Zu Abraham sprach Gott: du sollst ein Segen sein.

Gen 12,2

Herr, laß mich ein Segen sein in deiner Welt!

Erschrocken sein über das Leid in der Welt.

Die Welt, in der wir leben, ist aber auch voller Leid:
Krankheit, Schmerz, Tod. Das Leidvollste aber ist das Böse, das Menschen einander antun – Streit und Hader bis hin zum Mord. Über die Möglichkeit des Bösen können wir nur erschrocken staunen! Und wir sehen: Auch in unserem Herzen regt sich die Selbstsucht, der Eigensinn, die Bosheit. Böses kann Macht gewinnen über uns. Wir ahmen nicht nur Gutes nach, sondern auch das Böse.
Wir müssen versuchen, dem Bösen in unserem Leben zu widerstehen. Dabei erfahren wir: Dafür sind wir nicht stark genug. Wir brauchen Hilfe: Glaubwürdige Menschen, rechte Wegweisung, gute Freunde.

PODZIWIAĆ

Dlaczego podziwiać?

Świat, w którym żyjemy, jest cudowny. Podziwu godnym jest każdy kwiat, chrząszcz i motyl; zachwytem napawa nas roziskrzona gwiazdami noc. Wystarczy nam tylko otworzyć oczy, by zobaczyć jak wspaniałe są wszystkie stworzenia. Podziwu godne są również dzieła i osiągnięcia człowieka. Najcudowniej jednak jesteśmy stworzeni my sami. Jedni drugim możemy być radością i błogosławieństwem.

Słowa Pisma Świętego:

Niebiosa głoszą chwałę Boga,
dzieło rąk Jego obwieszcza nieboskłon.

Psalm 19,2

Boże, Ty ukształtowałeś moje wnętrzności, utkałeś mnie w łonie mej matki. Dziękuję Ci, że mnie tak cudownie utworzyłeś. Wiem, że wszystkie Twoje dzieła są godne podziwu.

Psalm 139,13–14

Bóg rzekł do Abrahama: chcę, byś stał się błogosławieństwem.

Rdz 12,2

Panie, pozwól mi być błogosławieństwem dla Twego świata!

Wstrząśnięci z powodu cierpienia na świecie.

Świat, w którym żyjemy, jest również pełen cierpienia w postaci chorób, bólu, śmierci. Najboleśniejsze jednak jest zło, które człowiek wyrządza człowiekowi; wywołujące niezgodę i kłótnie, a nawet morderstwa. Przerażeni, dziwimy się możliwościom zła. Widzimy przy tym, że i w naszym sercu istnieje egoizm, samowola, złość, i że zło może nawet zapanować nad nami. Potrafimy bowiem naśladować nie tylko dobro, ale i zło.
Trzeba nam usiłować opierać się złu w naszym życiu. Doświadczenie mówi nam, że sami jesteśmy na to za słabi. Potrzebujemy pomocy: wiarogodnych ludzi, dobrych wskazówek, prawdziwych przyjaciół.

Wo aber Hilfe suchen?

Gläubige Menschen bezeugen uns: auch das Leid kann uns zu Gott führen

- Der gute Gott steht uns bei: die Freude an Gott ist unsere Kraft.
- Gottes Sohn Jesus Christus steht uns bei: er ist unser Erlöser; er hat Sünde und Tod besiegt; er geht uns mit seinem Beispiel voran.
- Gottes Heiliger Geist steht uns bei: durch ihn ist die Liebe zu Gott und zu den Menschen in unserem Herzen lebendig.

Gott, du schenkst uns die Freude an allem Guten und bewahrst uns vor dem Bösen.

Gott, ich staune über deine Welt, die du erschaffen hast. Ich staune über den Menschen, den du so wunderbar gestaltet hast. Am meisten staune ich über dich: du hast uns die Freiheit zum Guten geschenkt; Herr, hilf uns, Gutes zu tun und bewahre uns vor allem Bösen in deiner Welt.

Gdzie szukać pomocy?

Wierzący ludzie dają świadectwo, że również cierpienie może prowadzić do Boga.

- Wspomaga nas Bóg Ojciec – On jest naszą radością i mocą.
- Wspomaga nas Syn Boży – On nas prowadzi jako nasz Odkupiciel, zwycięzca grzechu i śmierci.
- Wspomaga nas Duch Święty – On ożywia nasze serca miłością ku Bogu i ludziom.

Boże, Ty pozwalasz nam cieszyć się wszelkim dobrem i chronisz nas przed złem.

Boże, podziwiam świat, który powołałeś do bytu, i człowieka, którego tak cudownie stworzyłeś. Najbardziej jednak podziwiam Ciebie samego. Ty obdarzyłeś nas wolnością wyboru dobra; pomóż nam czynić dobro i zachowaj nas od złego na Twoim świecie!

DANKEN

Nichts im Leben ist selbstverständlich:

- Daß wir geboren wurden und das Leben haben,
- daß wir aufgenommen und geliebt worden sind,
- daß wir als Kinder großgezogen wurden,
- daß wir Freundlichkeit erfahren,
- daß wir gute Menschen kennen und lieben,
- daß wir lernen können, Gutes vom Bösen zu unterscheiden.

Über das scheinbar Selbstverständliche staunen wir zu wenig.
Wenn wir daran denken, was uns alles geschenkt ist ohne unser Zutun, ohne unser Verdienst, ohne unsere Leistung – dann muß unser Staunen übergehen in Danken. Denken lehrt danken!
Vieles Gute verdanken wir Vater, Mutter, Verwandten, Freunden und anderen Mitmenschen.

Warum Gott danken?

Daß wir überhaupt das Licht der Welt erblicken durften, daß es uns gibt, daß wir leben – das verdanken wir dem großen wunderbaren Geheimnis, das Gott ist. Er hat uns gewollt. Er sagt Ja zu uns. Unser ganzes Leben soll dafür Dank sagen vor ihm. Wir dürfen uns freuen:

Wir sind Kinder des himmlischen Vaters.
Wir sind Brüder und Schwestern Jesu.
Wir sind Wohnung des Heiligen Geistes.

Ich will dir danken, Herr, daß ich bin. Ich danke dir für das Licht der Sonne und das Licht dieses Lebens. Ich freue mich über die Menschen, denen ich danken darf – auch sie hast du mir geschenkt. Ich verschließe meine Augen nicht vor dem Dunklen in dieser Welt. Es gibt in ihr das Böse, das zu fürchten ist. Ich danke dir, daß du mir die Kraft gibst für das Gute und gegen das Böse. Ich bitte dich, daß du mir diese Kraft immer erhältst. Ich will dir gehören und dir danken in der Gemeinschaft mit Jesus Christus, deinem Sohn, unserem Bruder und Herrn.

DZIĘKOWAĆ

Nic w życiu nie jest samo z siebie oczywiste:

- ani to, że urodziliśmy się i jesteśmy;
- ani to, że przyjęto nas i pokochano;
- ani to, że się zajęto naszym wychowaniem;
- ani to, że obdarzono nas przyjaźnią;
- ani to, że znamy i kochamy dobrych ludzi;
- ani to, że możemy się uczyć odróżniać dobro od zła.

Uważając to za oczywiste, nie potrafimy się niczym dostatecznie zdumiewać. Kiedy jednak z podziwem rozważamy wszystko, czym nas bez naszego współudziału, bez względu na nasze zasługi czy osiągnięcia obdarzono, budzi się w nas poczucie wdzięczności. Myślenie uczy dziękczynienia!
Wiele dobrego zawdzięczamy ojcu, matce, krewnym, przyjaciołom i innym ludziom.

Dlaczego mamy dziękować Bogu?

To, że nam wolno było ujrzeć światło tego świata i że w ogóle żyjemy, zawdzięczamy tej wspaniałej tajemnicy, którą jest Bóg. On nas chciał, On nas powołał do istnienia. Jakże Mu za to nie dziękować całym naszym życiem!
Możemy się radować, ponieważ:

jesteśmy dziećmi Ojca Niebieskiego,
braćmi i siostrami Jezusa,
mieszkaniem Ducha Świętego.

O Panie, chcę Ci podziękować za to, że jestem! Dziękuję Ci za blask słońca i światło tego życia. Cieszę się z powodu ludzi, którym mogę dziękować, bo i nimi mnie obdarzyłeś. Nie zamykam oczu na ciemności tego świata, w którym czyha budzące grozę zło.
Dziękuję Ci, że dajesz mi siłę do dobrego przeciw złemu.
Proszę Cię, niech ona mnie nie opuszcza. Do Ciebie chcę należeć i Tobie dziękować w łączności z Jezusem Chrystusem, Twoim Synem, naszym Bratem i Panem.

HOCHACHTEN

Gott hat zu mir Ja gesagt; darum sage auch ich zu mir Ja. Freilich weiß ich, daß ich mich nicht übernehmen darf. Gott allein ist der Gute – nicht ich. Er allein ist weise, gerecht und liebevoll – nicht ich. Ich kann mich nur um all dieses Gute bemühen. Aber Gott hat zu mir Ja gesagt, obwohl ich erst auf dem Weg bin.
Ich möchte auch von anderen nicht geringgeschätzt werden. Ich möchte, daß auch sie mich achten.
Jesus Christus hat gesagt: *Alles, was ihr von anderen erwartet, das tut auch ihnen.*
Das ist die ganze Gerechtigkeit.

O Gott, gib mir die Kraft, meine Mitmenschen zu achten. Ich kann nicht wollen, daß sie mich achten und mögen, wenn ich selber sie nicht achte und mag. Alle sind deine Geschöpfe, von dir gerufen und gewollt. Ich will zu allen Ja sagen.

Wenn ich daran denke, was dazu gehört...
Wenn ich daran danke, wer dazu gehört...
Wenn ich daran denke, wen ich mag und wen nicht...
Du aber Gott, hast allen das Leben gegeben. Alle wollte dein Sohn Jesus Christus erlösen. Allen willst du mit deinem Heiligen Geist nahe sein und sie innerlich durchdringen. Laß mich lernen von dir.
Ich würde nicht alle achten können, wenn ich nicht Ehrfurcht hätte vor dir, der du die Sonne aufgehen läßt über Gute und Böse.

Herr, ich will dich ehrfürchtig ehren und achten, du mein großer Gott. Du bist das Wunderbarste, was es gibt. Du bist das Beste, was es gibt. Du bist die Liebe, du bist die Güte, du bist die Gerechtigkeit, du bist die Freude. Herr, ich bin klein vor dir. Gib mir Ehrfurcht vor dir, dann werde ich auch ehrfürchtig sein können vor mir selber und vor den Menschen. Ich will mich vor Dir und den Menschen nicht überheben. Deine Frohe Botschaft sagt: Die Stolzen verachtet Gott und den Demütigen gibt er seine Gnade.

POWAŻAĆ

Bóg mnie zaakceptował, dlatego mogę i ja siebie akceptować. Wiem przy tym, że nie wolno mi przebrać miary. Tylko Bóg jest dobry, nie ja. Jedynie On jest mądry, sprawiedliwy i pełny miłości; nie ja, który się o to tylko mogę ubiegać. Bóg jednak mnie akceptuje, aczkolwiek znajduję się dopiero na początku tej drogi. Chciałbym przy tym, żeby mnie inni poważali, nie lekceważyli.
Jezus Chrystus powiedział: *Wszystko, czego od ludzi oczekujecie, czyńcie i im.* W tym tkwi cała sprawiedliwość.

O Boże, daj mi siłę, żebym umiał poważać moich bliźnich. Gdybym tego nie czynił, nie mógłbym tego i od nich wymagać. Wszyscy są Twoimi stworzeniami, przez Ciebie chcianymi i powołanymi do życia. Pragnę ich wszystkich zaakceptować!

Kiedy myślę, co do tego należy...
Kiedy myślę, kto jest z tym związany...
Kiedy myślę, kogo lubię, a kogo nie...
Ty jednak Boże, dałeś życie wszystkim. Twój Syn Jezus przyszedł, by zbawić całą ludzkość. Do wszystkich chcesz się zbliżyć przez Twego Ducha Świętego, który wszystkich dogłębnie przenika. Pozwól mi uczyć się od Ciebie!
Nie mógłbym poważać wszystkich ludzi, gdybym nie żywił najgłębszej czci do Ciebie, który sprawiasz, że słońce wschodzi nad dobrymi i nad złymi.

Panie, mój wielki Boże, pragnę Cię najgłębiej czcić i poważać. Nad Ciebie nie ma nic wspanialszego. Ty jesteś dobrem najwyższym, miłością, sprawiedliwością i radością. Czuję się taki mały przed Tobą. Naucz mnie czcić Ciebie, wtedy będę mógł poważać siebie i bliźniego. Nie chcę się wywyższać ponad Ciebie i ponad innych. Twoja Ewangelia uczy, że gardzisz pysznymi, a pokornych obdarzasz swą łaską.

SCHWEIGEN

Wer hören will, muß schweigen können.
Wer nachdenken will, muß still sein können.
Wer ein rechter Mensch werden will, muß auch allein sein können – ohne selbstgemachten Lärm. Wir brauchen die Stille. Dann finden wir zu uns und finden Gott. Gottes Erscheinen ereignet sich ohne äußere Machtentfaltung. Sie ist dennoch spürbar und unmittelbar nah wie ein Lufthauch.

Herr, ich höre schlecht zu.
Herr, ich rede zuviel und unnötig.
Herr, bin ich so voll von mir?
Ich bin taub für deine Worte, weil ich zu wenig schweige.

Ich sehe nichts ein, weil ich nicht still bin. Ich nehme nichts wahr, weil mich Lärm und Gerede umgibt. Herr, gib mir Freude an der Stille, damit ich lerne, auf dich zu hören. Und gib mir Freude an deinem Wort!

Herr, lehre mich das Schweigen, damit du zu mir reden kannst!

Erschließe mir dein Wort und deine Weisheit.

Herr, lehre mich festhalten und tun, was ich im Schweigen vor dir vernehme! Denn ich möchte deinen Willen tun und den Menschen Güte und Freundlichkeit bringen.

Die Ewigkeit ist stille, laut die Vergänglichkeit.
Schweigend geht Gottes Wille über den Erdenstreit.

W. Raabe

MILCZEĆ

Kto chce słuchać, musi umieć milczeć.
Kto chce rozważać, musi umieć się wyciszyć.
Kto chce być prawym człowiekiem, musi też umieć żyć w samotności, bez hałasu. Potrzebujemy ciszy. W niej odnajdujemy siebie i znajdujemy Boga. Bóg objawia się bez zewnętrznych oznak potęgi. Jego moc jest jednak wyczuwalna i bliska jak tchnienie powietrza.

Panie, nie potrafię się dobrze Tobie przysłuchiwać,
Panie, za dużo i niepotrzebnie mówię.
Czyżbym był aż tak bardzo wypełniony samym sobą?
Jestem głuchy na Twoje słowo, bo za mało milczę.

Nie mogę niczego pojąć, bo nie potrafię się uciszyć.
Niczego nie dostrzegam, bo otacza mnie hałas i czcza gadanina.
Panie, naucz mnie radować się w ciszy, abym się nauczył słuchać Twego głosu. Daj mi radość, płynącą z Twego słowa!

Panie, naucz mnie milczeć, byś mógł do mnie mówić!

Otwórz mi dostęp do Twego słowa i Twej mądrości.

Panie, naucz mnie zachowywać i czynić to, czego się od Ciebie w milczeniu dowiaduję! Chcę przecież wypełniać Twoją wolę i nieść ludziom dobro oraz przyjaźń.

Wieczność jest cicha, głośna jest doczesność.
Milcząc przechodzi wola Boga nad ziemskimi niesnaskami.

W. Raabe

DIE GRENZEN SPÜREN

Ach, wie flüchtig, ach wie nichtig ist der Menschen Leben! Wie ein Nebel bald entstehet und auch wieder bald vergehet, so ist unser Leben, sehet.
Ach, wie nichtig, ach wie flüchtig sind der Menschen Sachen! Alles, alles, was wir sehen, das muß fallen und vergehen. Wer Gott fürcht', wird ewig stehen.
So singen wir in einem alten Kirchenlied (GL 657). Es schildert, daß wir immer und überall an Grenzen stoßen: die Grenze unserer Zeit – wir sind vergänglich; die Grenze unserer Kraft – wir können vieles nicht. Die Grenzen unserer Wünsche – viele erfüllen sich nicht. Wir sind ohnmächtig, Leid und Unrecht in der Welt zu beseitigen. Dennoch dürfen wir nicht verzagen.
In einem anderen Lied aber heißt es: „Wir sind zur Freud geboren und nicht zum Trauern hier. In Traurigkeit gehn wir verloren, in Freude siegen wir."

Aber woher sollen wir die Freude nehmen, wenn wir auf so viele Grenzen stoßen?

Es ist gewiß:

Wer weiß, daß er geliebt wird, kann sich freuen.
Wer weiß, daß er gebraucht wird, findet in seinem Leben einen guten Sinn: er kann selber Liebe schenken.

Gott ist es, der uns von Anfang an liebt und unser Leben trägt. Gott ist es, der uns ruft, ihm und den Menschen zu dienen. Wer seine Zeit sinnvoll nutzt, seine Kräfte zum Guten einsetzt und tut, was ihm möglich ist, spürt zwar seine Grenzen, erlebt aber auch Freude und inneren Frieden.

Der heilige Bernhard von Clairvaux sagt:

Das ist ein vollkommener Mensch, der diese drei Dinge zu vereinen weiß: über sich selber seufzen, sich in Gott erfreuen und: dem Nächsten dienen.

WYCZUWAĆ GRANICE

Ach, jak krótkotrwałe, nic nie znaczące jest ludzkie życie! Pojawia się szybko jak mgła i jak ona wnet znika.
Ach, jak nic nie znaczące, jak niestałe są człowiecze sprawy!
Wszystko, co widzimy, musi upaść i przeminąć, ale kto się boi Boga, ostanie się na wieki.
Tak śpiewamy w starej pieśni kościelnej (GL 657), która mówi, że zawsze i wszędzie natykamy się na granice;
granice naszego czasu – jesteśmy bowiem przemijalni;
granice naszych sił – jesteśmy niezdolni do wielu rzeczy;
granice naszych życzeń – wiele z nich nigdy się nie spełnia.
Nie jesteśmy w stanie usunąć cierpienia i nieprawości z naszego świata. Nie wolno nam jednak upadać na duchu.
W tekście innej starej pieśni czytamy:
„Urodziliśmy się do radości, nie do smutku.
Smutek prowadzi nas do zguby, radość do zwycięstwa".

Skąd jednak wziąć tę radość, gdy stale natykamy się na granice naszych możliwości?

Pewne jest, że:

Kto wie, że jest kochany, może się cieszyć;
kto czuje się potrzebny, znajdzie sens swojego życia
i może innym ofiarować swoją miłość.

Bóg kocha nas od początku naszego istnienia. On nas wzywa do służby Jemu i bliźniemu. Kto wykorzystuje sensownie swój czas, oddaje swe siły w służbę dobru i czyni je w miarę swych możliwości, ten jest wprawdzie świadomy swej ograniczoności, ale doznaje zarazem radości i wewnętrznego spokoju.

Święty Bernard z Clairvaux powiada:

„Doskonałym człowiekiem jest ten, kto potrafi zharmonizować trzy rzeczy: wzdychać nad samym sobą, cieszyć się w Bogu i służyć bliźniemu".

VERTRAUEN

Zwischen Lachen und Weinen, zwischen Arbeit und Muße, zwischen Hoffen und Versagen verläuft unser Leben. Hell und dunkel wechseln darin. Darum ist es so wichtig, daß wir immer und trotz allem voll Vertrauen sind: Es ist gut, daß wir leben, wir dürfen dankbar sein, daß wir sind. Dieses Vertrauen gründet in Gott; und wir lernen es von Menschen, denen wir vertrauen.
Darum ist es wichtig, daß wir Menschen um uns haben, denen wir vertrauen können. Und doch ist es viel zu wenig, nur uns selbst oder anderen Menschen zu vertrauen. Menschliches Wissen, Können und Lieben stößt immer an Grenzen. Der feste Boden, auf dem unser Leben aufbauen kann, ist Gott allein.
Das ist Lebensweisheit: *Gott vertrauen in allem, was geschieht, und trotz allem, was geschieht.*

Herr, laß mich das Vertrauen auf dich lernen!
Ich weiß, das schließt die Bitte ein: dein Wille geschehe, nicht der meine. Dein Wille ist der beste, nicht der meine. Darum kann ich auf dich vertrauen: du sollst mich führen und leiten, deine Wege sind recht. Das bleibt wahr, auch wenn es mir schwerfällt, dir durch Dunkel und Leid zu folgen. Du führst mich zum Ziel – zu dir.

Worte aus den Psalmen

Gewalttätige und Betrüger erreichen nicht die Mitte ihres Lebens. Ich aber setze mein Vertrauen auf dich. Wirf deine Sorgen auf den Herrn, er hält dich aufrecht! Er läßt den Gerechten niemals wanken

Psalm 55,24b–23

Gott ist uns Zuflucht und Stärke, ein bewährter Helfer in allen Nöten. Darum fürchten wir uns nicht, wenn die Erde wankt, wenn Berge stürzen in die Tiefe des Meeres,
wenn seine Wasserwogen tosen und schäumen und vor seinem Ungestüm die Berge erzittern.

Psalm 46

ZAUFAĆ

Nasze życie przebiega między śmiechem i płaczem, pracą i wypoczynkiem, nadzieją i rozczarowaniem. Dlatego tak ważnym jest, byśmy zawsze i mimo wszystko potrafili ufać. Dobrze jest żyć; powinniśmy być wdzięczni za to, że jesteśmy. Ufność nasza ma podstawę w Bogu. Uczymy się jej od ludzi, którym zaufaliśmy. Dlatego dobrze jest mieć kogoś, komu by można zawierzyć. Nie wystarczy jednak zawierzyć innym i samemu sobie. Ludzka wiedza, umiejętności i miłość są ograniczone. Jedynie Bóg jest pewnym fundamentem, na którym możemy budować swe życie.
Mądrość życiowa to:
Zaufać Bogu we wszystkim, co się dzieje i mimo wszystko.

Panie, naucz mnie, ufać Tobie!
Wiem, że zakłada to prośbę: „bądź wola Twoja". Twoja, nie moja wola jest dla mnie najlepsza. Dlatego mogę Tobie ufać. Prowadź mnie i kieruj mną. Twoje drogi są prawe i takimi pozostaną nawet wtedy, gdy trudno mi będzie w ciemnościach i cierpieniach iść za Tobą. Ty prowadzisz mnie do celu, którym Ty sam jesteś.

Wyjątki z Psalmów:

Gwałtownicy i oszuści nie dożyją połowy swych dni. Ja zaś pokładam nadzieję moją w Tobie.
Zrzuć swą troskę na Pana, a On cię podtrzyma;
nigdy nie dopuści, by zachwiał się sprawiedliwy.

Psalm 55,24b–23

Bóg jest naszą ucieczką i siłą, wypróbowanym pomocnikiem w każdej biedzie. Dlatego nie będziemy się bali, choćby zatrzęsła się ziemia i góry zapadły w głębiny morskie.

Psalm 46

NICHTS SOLL DICH ÄNGSTIGEN

In schwerer Zeit sagte ein Prophet dem Volk Israel:

Die aber, die dem Herrn vertrauen, schöpfen neue Kraft, sie bekommen Flügel wie Adler, sie laufen und werden nicht müde, sie gehen und werden nicht matt.

Jes 40,31

Nichts soll dich ängstigen, nichts dich erschrecken.
Alles geht vorüber.
Gott allein bleibt derselbe.
Alles erreicht der Geduldige,
und wer Gott hat, der hat alles.
Gott allein genügt.

Theresia von Avila

Herr, ich brauche dich jeden Tag.
Gib mir die Klarheit des Gewissens,
die dich fühlen und begreifen kann.
Meine Ohren sind taub,
ich kann deine Stimme nicht
vernehmen.
Meine Augen sind trüb,
ich kann deine Zeichen nicht sehen.
Du allein kannst mein Ohr schärfen
und meinen Blick klären,
mein Herz reinigen und erneuern.
Lehre mich zu deinen Füßen sitzen
und auf dein Wort hören. Amen.

Gebet von John Henry Newman († 1890),
anglikanischer Geistlicher, Konversion, Priester, Kardinal;
lange Zeit in Irland tätig.

NIC NIE POWINNO CIĘ ZATRWOŻYĆ

W ciężkich czasach mówił Prorok do ludu izraelskiego:

Ci, co zaufali Panu, nabiorą nowych sił i wzbiją się jak orły na skrzydłach. Będą biec, ale się nie zmęczą, pójdą i nie ustaną.

Iz 40,31

Nic nie powinno cię zatrwożyć, nic przerazić.
Wszystko przemija.
Jedynie Bóg pozostaje zawsze ten sam.
Cierpliwy osiągnie wszystko,
i wszystko posiada, kto ma Boga.
Bóg sam wystarczy.

Św. Teresa z Avila

Panie, potrzebuję Ciebie każdego dnia.
Daj mi wrażliwe sumienie,
które mogłoby Cię czuć i pojąć.
Jestem głuchy,
nie mogę dosłyszeć Twego głosu.
Zmętniały mi oczy,
nie mogę dostrzec Twoich znaków.
Jedynie Ty możesz mi wyostrzyć słuch
i rozjaśnić me spojrzenie,
oczyścić i odnowić serce.
Naucz mnie siedzieć u Twoich stóp
i słuchać Twego słowa. Amen.

Modlitwa J.H. Newmana (+1890),
anglikańskiego duchownego, potem konwertyty, kapłana, kardynała, działającego dłuższy czas w Irlandii.

II. Wie glauben und bekennen wir?

II. Jak wierzymy i wyznajemy?

Was wir Christen glauben und bekennen, ist im *Apostolischen Glaubensbekenntnis* zusammengefaßt.

Ich glaube an Gott,
den Vater, den Allmächtigen,
den Schöpfer des Himmels und der Erde,
und an Jesus Christus,
seinen eingeborenen Sohn, unseren Herrn,
empfangen durch den Heiligen Geist,
geboren von der Jungfrau Maria,
gelitten unter Pontius Pilatus,
gekreuzigt, gestorben und begraben,
hinabgestiegen in das Reich des Todes,
am dritten Tage auferstanden von den Toten,
aufgefahren in den Himmel,
er sitzt zur Rechten Gottes,
des allmächtigen Vaters,
von dort wird er kommen,
zu richten die Lebenden und die Toten.

Ich glaube an den Heiligen Geist,
die heilige katholische Kirche,
Gemeinschaft der Heiligen,
Vergebung der Sünden,
Auferstehung der Toten und
das ewige Leben.
Amen.

O mein Gott,
ich glaube an dich,
laß mich fester glauben;
ich hoffe auf dich,
laß mich sicherer hoffen;
ich liebe dich,
laß mich inniger lieben.

Treść naszej wiary zawarta jest w *Apostolskim Wyznaniu Wiary*.

Wierzę w Boga,
Ojca wszechmogącego,
Stworzyciela nieba i ziemi.
I w Jezusa Chrystusa,
Syna Jego jedynego, Pana naszego,
który się począł z Ducha Świętego;
narodził się z Maryi Panny,
umęczon pod Ponckim Piłatem,
ukrzyżowan, umarł i pogrzebion,
zstąpił do piekieł,
trzeciego dnia zmartwychwstał;
wstąpił na niebiosa;
siedzi po prawicy
Boga Ojca wszechmogącego;
stamtąd przyjdzie
sądzić żywych i umarłych.
Wierzę w Ducha Świętego,
święty Kościół powszechny,
świętych obcowanie,
grzechów odpuszczenie,
ciała zmartwychwstanie,
żywot wieczny.
Amen.

O, mój Boże, wierzę w Ciebie,
dozwól mi mocniej wierzyć;
ufam Tobie,
dozwól mi pewniej ufać;
kocham Cię,
dozwól mi głębiej kochać.

ICH GLAUBE AN GOTT, DEN VATER

Ich glaube – was heißt das?

– Das kann bedeuten:
  Ich meine, ich nehme an, ich vermute.
  Es heißt aber auch:
– Ich glaube dir, ich vertraue dir, deinem Wissen, deiner Wahrhaftigkeit, deiner Treue, deiner Zuneigung.
  Schließlich sagen wir mit demselben Wort:
  Ich glaube Gott; ich glaube an ihn.

Gott, ich glaube, daß du bist, mich liebst und mich führst. Ich glaube, daß du dich offenbart hast und mir deine bleibende Gemeinschaft schenken willst.

Wie kommen wir Christen zu einem solchen Glauben?

Das ist eine kurze und eine lange Geschichte.
Ich glaube, weil Vater und Mutter, Priester und Lehrer mich mit dem Glauben bekannt gemacht haben. Und sie haben mich in ihn hineingeführt; Gott aber hat das seinige getan. Ich bin getauft; ich gehe zur Kirche, ich bete; lebe mit Gott. – Das ist die kurze Geschichte ...
Eine lange Geschichte ist aber, wie wir Menschen überhaupt zum Glauben an Gott gekommen sind. Immer schon – soweit wir das zurückverfolgen können in der menschlichen Geschichte und Vorgeschichte – haben Menschen Ehrfurcht gekannt:

– Vor der Mutter Erde;
– Vor der Sonne, die Licht und Wärme und dadurch Leben spendet;
– Vor dem Mond, der die Zeiten bemißt im ständigen Wechsel; vor den Sternen, den Bergen, den Bäumen, den Quellen, den Lebewesen; vor den Kräften des Lebens und des Geschlechtes.

Viele hielten die geschaffenen Dinge für göttlich und verehrten sie als heilig. Aber es gab auch Menschen, die spürten: Gott ist größer. Wir können ihn nicht sehen und doch wirkt er alles.
So ließ Gott sich erspüren und erahnen. Aber das war ihm nicht genug.

WIERZĘ W BOGA OJCA

Wierzę – co to znaczy?

- To może oznaczać:
  sądzę, zakładam, przypuszczam.
- To znaczy również:
  wierzę Ci, ufam Tobie – twojej wiedzy, prawdomówności, wierności, przychylności.
  W końcu wyrażamy tym samym słowem:
  wierzę Bogu, wierzę w Niego.

Boże, wierzę, że jesteś, że mnie kochasz i prowadzisz. Wierzę, że się objawiłeś i że ofiarujesz mi trwałą wspólnotę z sobą.

Jak dochodzą chrześcijanie do takiej wiary?

Jest to krótka i długa zarazem historia.
Wierzę, bo ojciec i matka, ksiądz i nauczyciel zaznajomili mnie z treścią wiary i wprowadzili mnie w jej tajniki. Bóg ze swej strony uczynił swoje. Jestem ochrzczony, chodzę do kościoła, modlę się, żyję z Bogiem – oto ta krótka historia.
Ta dłuższa dotyczy problemu, w jaki sposób w ogóle dochodzą ludzie do wiary w Boga. Od zawsze – odkąd możemy wniknąć w ludzką historię i prehistorię – ludzie okazywali głęboką cześć:

- matce ziemi;
- słońcu, które obdarza światłem i ciepłem, a przez to życiem:
- księżycowi, który mierzy czas regularnie zmieniając swój kształt;
- gwiazdom, górom, drzewom, źródłom, istotom żyjącym;
- siłom natury i płci.

Wielu uważało rzeczy stworzone na boskie i czciło je jako święte. Byli jednak ludzie, którzy uważali, że Bóg jest ponad to wszystko. Choć niewidzialny, jest przyczyną wszystkiego. Zostawiając niejako ślady, pozwalał się Bóg ludziom domyślać swego istnienia. To jednak Mu nie wystarczało.

OFFENBARUNG IN ISRAEL

Dem Volk Israel hat Gott sich in besonderer Weise zu erkennen gegeben. Er hat ihm seine verborgene Herrlichkeit, seine Menschenfreundlichkeit und Macht geoffenbart. Er begann mit diesem Volk eine eigene Geschichte.

Es ist die Geschichte des Auszugs aus Heimat und Vaterhaus, aus dem Bergenden und Gewohnten – mit Abraham; es ist die Geschichte der Befreiung des Volkes durch Mose, der Gesetzesvermittlung und des Bundesschlusses und der immer wieder geschenkten Vergebung von Schuld und Rettung aus dem Untergang. Das ist die Geschichte auch unseres Heiles. Sie beginnt auch für uns mit Abraham, dem Stammvater Israels, der auch Vater unseres Glaubens ist.

Die Geschichte des Volkes Israel, seiner Stammväter, seiner großen Männer und Frauen, seiner Könige und Propheten, seiner Weisheitslehrer und Sänger des Gotteslobes ist aufgeschrieben im ersten Teil der Bibel, dem *Alten Testament.*

Im zweiten Teil der Bibel, dem *Neuen Testament,* erfahren wir von Jesus Christus, unserem Erlöser und Herrn, und von den Anfängen seiner Kirche zur Zeit der Apostel.

Die Bibel ist freilich ein Buch, das über tausend Jahre wuchs, eigentlich eine ganze Bibliothek, eine Sammlung und immer neue Sichtung der Überlieferungen in Israel und der jungen Kirche. Auch wenn Sprache und Darstellungsweise durch Zeitverhältnisse uns fremd geworden sind, enthält sie Gottes Offenbarung: Gotteswort in Menschenwort. Sie ist das Buch der Kirche. Die Kirche studiert und meditiert es immer neu und legt es im Geist Jesu Christi aus.

Unter dem Namen Jahwe – „Ich bin da" – hatte sich Gott dem Mose in der Wüste geoffenbart. Israel erlebte, glaubte und verkündigte: *Jahwe ist ein gnädiger Gott* (Exodus 34).

Schon die Israeliten fragten aber nicht nur: *Woher kommen wir?* Und sie begnügten sich nicht mit der Antwort: Wir kommen von Abraham.

Sie fragten weiter, wie auch wir weiterfragen:

Woher kommen die Menschen, woher kommt die Welt? Sie antworteten: Derselbe Gott, der uns aus Ägypten geführt hat, hat auch die Welt und die Menschen erschaffen:

Im Anfang schuf Gott Himmel und Erde. Die Erde aber war wüst und wirr und Gottes Geist schwebte über dem Wasser.

Gen 1,1–2

OBJAWIENIE W IZRAELU

W szczególny sposób dał się Bóg poznać ludowi izraelskiemu, Jemu objawił On swoją ukrytą wspaniałość, przyjaźń ku ludziom i potęgę. Tak rozpoczął Bóg swoistą historię Izraela.

Jest to historia Abrahama, który opuścił ojczyznę i siedziby przodków. Jest to historia wyzwolenia ludu przez Mojżesza, historia nadania przykazań i zawarcia przymierza, wciąż nowego przebaczania występków i ratowania przed zagładą. Jest to również historia naszego zbawienia. I dla nas rozpoczyna się ona od Abrahama – patriarchy Izraela, który jest naszym ojcem w wierze.

Historia ludu izraelskiego, jego patriarchów, wielkich mężów i kobiet, królów i proroków, nauczycieli mądrości i piewców Bożej chwały, zapisana jest w pierwszej części Biblii – *Starym Testamencie.* Z drugiej części Biblii – *Nowego Testamentu* dowiadujemy się o Jezusie Chrystusie – naszym Zbawicielu i Panu i o początkach Kościoła w czasach apostolskich.

Biblia – księga, którą pisano ponad tysiąc lat, jest właściwie całą biblioteką, wciąż na nowo porządkowanym zbiorem tradycji Izraela i młodego Kościoła. Te historyczne uwarunkowania sprawiają, że język i sposób narracji są dla nas niekiedy trudne do zrozumienia. Nie zmienia to jednak faktu, że Biblia zawiera Objawienie Boże – słowo Boże pod postacią słowa ludzkiego. Jest ona księgą Kościoła, który ją wciąż na nowo studiuje, rozmyśla nad nią i interpretuje ją w duchu Jezusa Chrystusa.

Bóg objawił się Mojżeszowi na pustyni, nazywając się Jahwe – Ten, który jest. Izrael, który doznawał Jego dobroci, wierzył i głosił: *Jahwe jest Bogiem łaskawym* (Wj 34). Już Izraelici pytali: *skąd pochodzimy?* Nie wystarczyła im jednak odpowiedź, że od Abrahama. Podobnie jak nas, interesowało ich pytanie:

skąd w ogóle wziął się człowiek i skąd pochodzi świat?

Znajdowali na to odpowiedź, że ten sam Bóg, który ich wywiódł z Egiptu, stworzył również świat i ludzi.

„Na początku stworzył Bóg niebo i ziemię. Ziemia była zupełnym pustkowiem, ciemność zalegała nad głębokościami, a Duch Boży unosił się nad wodami".

Rdz 1,1–2

Die Bibel stellt dar, daß Gott alles, das Sichtbare und das Unsichtbare, geschaffen hat durch sein wirksames Wort. Ohne ihn war nichts und wäre nichts geworden und würde nichts bestehen. Unser Glaubensbekenntnis beginnt:

Ich glaube an Gott, den Vater, den Allmächtigen,
den Schöpfer des Himmels und der Erde.

Das „Wessobrunner Gebet" ist das älteste Gebet in deutscher Sprache, das wir kennen. Es lautet in unserem heutigen Deutsch:

Das erfragte ich unter den Menschen
als gewaltigstes Wunder:
Als Erde nicht war noch hoher Himmel,
noch Baum noch Berg nicht war,
noch Sonne nicht schien noch Stern,
noch Mond nicht leuchtete
noch das mächtige Meer,
als nirgends nichts war aller Enden und Wenden:
da war der eine allmächtige Gott,
der Herren mildester;
bei ihm viele Geister voll Herrlichkeit.
Doch eher als sie war der heilige Gott.

Allmächtiger Gott,
der du Himmel und Erde geschaffen
und den Menschen viel Gutes gegeben hast,
verleihe mir in deiner Huld den rechten Glauben,
gewähre mir Weisheit und Klugheit und Kraft,
dem Verderber zu widerstehn,
das Böse zu meiden
und deinen Willen zu vollbringen. Amen.

Biblia opisuje, że Bóg stworzył wszystko, cały widzialny i niewidzialny świat, mocą swojego słowa. Bez niego nic nie istniało, nic nie zostałoby stworzone, nic nie mogłoby się utrzymać. Nasze wyznanie wiary rozpoczyna się słowami:
Wierzę w Boga Ojca wszechmogącego,
Stworzyciela nieba i ziemi.

Najstarszą znaną nam modlitwą w języku niemieckim jest tak zwana „Modlitwa z Wessobrunn". Przełożona na język współczesny brzmi ona następująco:

Dowiedziałem się od ludzi o cudzie największym:
Kiedy nie było jeszcze ziemi ani nieba wysokiego,
drzewa ani góry,
kiedy jeszcze nie świeciło słońce ani gwiazdy,
a blask księżyca nie igrał na morskich żywiołach,
kiedy nie było jeszcze końca ani zmienności,
był jeden wszechmogący Bóg,
najłaskawszy Pan,
a przy Nim wiele duchów, pełnych chwały.
Ale najświętszy Bóg był przed nimi wszystkimi.

Wszechmogący Boże,
który stworzyłeś niebo i ziemię,
a człowieka obdarzyłeś tyloma dobrami,
udziel mi w Twej łaskawości prawdziwej wiary,
użycz mi mądrości, roztropności i siły,
bym mógł się oprzeć szatanowi,
umiał unikać złego
i wypełniać Twoją wolę. Amen.

WOHER DAS BÖSE?

Die Israeliten sahen auch, daß das Böse in der Welt mächtig ist und viel Unheil bringt. Warum ist das so, fragten sie. Die Bibel antwortet: Die Menschen erlagen der Versuchung, wie Gott sein zu wollen.
Seitdem verfeinden sich Menschen und tun ihren Brüdern und Schwestern Unrecht an; seitdem überheben sie sich stolz und verstehen einander nicht mehr; seitdem herrscht unter ihnen ein böser Geist, der sie gefangen hält und sie ihren Begierden und Gelüsten ausliefert.
Aus dieser Gefangenschaft müssen sie erlöst und befreit werden – und das können sie selber nicht.
Dies stellt die Bibel dar, indem sie erzählt von Adam und Eva, von Kain und Abel, vom Turmbau zu Babel, von Noah und der Sintflut. Immer fallen Menschen in Sünde und Unheil.
Doch schenkte Gott dem gefallenen Menschen Hoffnung, die in der ganzen Geschichte Israels anhielt: Hoffnung auf einen Befreier, Retter, Erlöser.
Wird das Gott selber sein? Wird das ein anderer sein, den sie Gesalbter des Herrn, Messias (griech. Christus) nannten? Die Propheten hielten diese Hoffnung wach.
Als aber Jesus als der Christus kam, erkannten viele ihn nicht und nahmen ihn nicht auf.
Er kam in sein Eigentum, aber die Seinen nahmen ihn nicht auf.

Joh 1,11

SKĄD POCHODZI ZŁO?

Izraelici widzieli, że na świecie istnieje zło, które powoduje wiele nieszczęść i pytali, dlaczego tak jest. Pismo Święte odpowiada, że ludzie ulegli pokusie i chcieli być jak Bóg.
Od tego czasu panuje między nimi nieprzyjaźń. Jedni drugim wyrządzają krzywdy, pysznie się nad innych wynoszą i nie rozumieją się wzajemnie. Zły duch, który nad nimi panuje, trzyma ich w niewoli i wydaje ich ich własnym żądzom i namiętnościom.
Ludzie chcieliby się z tej niewoli wyswobodzić, ale sami tego dokonać nie potrafią.
Taki sens ma opowiadanie biblijne o Adamie i Ewie, Kainie i Ablu, o budowie wieży Babel, czy o Noem i potopie. Człowiek wciąż na nowo popada w grzech i nieszczęście.
Bóg jednak daje upadłemu człowiekowi nadzieję, widoczną w całej historii Izraela. Jest to nadzieja na przyjście oswobodziciela, zbawcy i odkupiciela. Czy miał nim być sam Bóg? A może ktoś inny, kogo nazywano Pomazańcem Pańskim czyli Mesjaszem (z greckiego – Chrystusem)? Nosicielami tej mesjańskiej nadziei byli prorocy.
Kiedy Jezus z Nazaretu ogłosił się Chrystusem, wielu Go nie uznało i nie przyjęło.
Święty Jan mówi o tym w swej Ewangelii:
„Przyszedł do swojej własności, ale swoi Go nie przyjęli".

J 1,11

MÄCHTE UND GEWALTEN

Wir Menschen sind nicht die einzigen, die im großen Welttheater mitspielen. Die Bibel – und nicht nur sie – zeigt uns, daß zur Bühne der Welt auch Mächte und Gewalten gehören, die wir nicht mit unseren Sinnen wahrnehmen können.
Die Bibel spricht *von den guten Mächten, den Engeln,* die als herrliche unsichtbare Geister Gott umgeben, ihm dienen und als seine Boten ausgesandt werden. Gott ist der Herr und Schöpfer auch dieser Wesen. Sie treten besonders an den Höhepunkten der göttlichen Offenbarung in Erscheinung – bei Abraham und bei Mose, bei den Propheten und schließlich bei der Verkündigung an Maria, bei der Geburt Jesu, bei seiner Versuchung in der Wüste, bei seinem Leiden, seiner Auferstehung und seiner Himmelfahrt.
Die Bilder und Vorstellungen von Engeln sind zeitgebunden. Aber deswegen gehören sie nicht ins Reich der Phantasie. Wir stimmen in ihren Lobgesang ein bei jeder heiligen Messe. Und wir feiern die Feste von Michael, Gabriel, Raphael und aller Engel Gottes. Wir rufen die Engel an zu unserem Schutz.

Wir nennen den Engel,
der uns zur Seite steht,
Schutzengel.
Schutzengel beschützen uns
an Leib und Seele;
sie beten für uns und
ermahnen uns zum Guten.

MOCE I POTĘGI

Ludzie nie są jedynymi aktorami w wielkim teatrze świata. Biblia, i nie tylko ona, wskazuje, że na jego scenie występują również moce i potęgi, których nie odbieramy naszymi zmysłami.

Pismo Święte mówi o *dobrych mocach – aniołach,* które jako wspaniałe, niewidzialne duchy otaczają Boga, Jemu służą i są Jego posłańcami. Bóg jest Panem i Stwórcą również tych istot. Występują one w szczególnie ważnych momentach Bożego Objawienia: przed Abrahamem, Mojżeszem i prorokami, przy zwiastowaniu Najświętszej Maryi Panny, przy narodzeniu Jezusa i kuszeniu na pustyni, Jego męce, zmartwychwstaniu i wniebowstąpieniu.

Ludzkie wyobrażenia o aniołach podlegają historycznym uwarunkowaniom. Nie znaczy to jednak, że aniołowie należą do sfery fantazji. Z ich hymnem pochwalnym na cześć Boga łączymy się w każdej Mszy świętej. Czcimy ich, obchodząc uroczystości świętych archaniołów Michała, Gabriela, Rafała i innych aniołów Bożych. Wzywamy ich pomocy w modlitwie:

Anioła, który nam w naszym życiu towarzyszy
nazywamy Aniołem Stróżem.
Anioł Stróż chroni nas
przed niebezpieczeństwami duszy i ciała,
modli się za nas
i nakłania nas do dobrego.

Heiliger Schutzengel mein,
laß mich dir empfohlen sein,
in allen Nöten steh mir bei
und halte mich von Sünden frei.
An diesem Tag, ich bitte dich,
beschütze und bewahre mich.
Amen.

Er befiehlt seinen Engeln,
dich zu behüten
auf all' deinen Wegen.

Psalm 91,11

Aniele Boży, stróżu mój,
Ty zawsze przy mnie stój.
Rano, wieczór, we dnie, w nocy
bądź mi zawsze ku pomocy.
Broń mnie od wszelkiego złego
i doprowadź do żywota wiecznego.
Amen.

Pan rozkazał swoim aniołom,
aby cię strzegli na wszystkich twych drogach

Psalm 91,11

Die Bibel spricht aber auch *von bösen Mächten und Gewalten, vom Satan, vom Teufel.* Er ist von seiner ursprünglichen Herrlichkeit bei Gott herabgestürzt und zu einer bösen Macht geworden, die sich gegen Gott und alles Gute wendet.
Jesus Christus, der Sohn Gottes, ist dazu erschienen, um die Werke des Teufels zu zerstören (1 Joh 3,8). Er ist der Starke, der den Bösen besiegt, er hat ihn bei der Versuchung in der Wüste zurückgewiesen und sich durch sein Kreuz und seine Auferstehung als der Herr über alle bösen Mächte und Gewalten erwiesen.

Werft alle eure Sorgen auf ihn, denn er kümmert sich um euch. Seid nüchtern und wachsam! Euer Widersacher, der Teufel, geht wie ein brüllender Löwe umher und sucht, wen er verschlingen kann. Leistet ihm Widerstand in der Kraft des Glaubens!

1 Petr 5,7–9

Von guten Mächten wunderbar geborgen,
erwarten wir getrost, was kommen mag,
Gott ist mit uns am Abend und am Morgen
und ganz gewiß an jedem neuen Tag.

Aus dem Neujahrslied von Dietrich Bonhoeffer

Pismo Święte mówi również *o złych mocach i potęgach – o szatanie czyli diable*. Strącony z nieba, utracił on swoją pierwotną wspaniałość u Boga i stał się złym duchem, który walczy przeciw Bogu i wszelkiemu dobru.
Jezus Chrystus, Syn Boży, objawił się, aby zniszczyć dzieło szatana (1J3,8). On jest tym mocarzem, który zwyciężył zło. Już podczas kuszenia na pustyni odtrącił je od siebie. Przez krzyż i zmartwychwstanie okazał się Panem nad wszystkimi złymi mocami i potęgami.

Przerzućcie wszystkie wasze troski na Pana, gdyż On się o was troszczy. Bądźcie trzeźwi i czuwajcie! Wasz przeciwnik, diabeł krąży jako lew ryczący, szukając kogo pożreć.
Przeciwstawiajcie się jemu mocni w wierze.

1 P 5,7–9

Pod cudowną opieką dobrych mocy
spokojnie oczekujemy przyszłości.
Bóg jest z nami wieczorem i rano,
i niewątpliwie z każdym nowym dniem.

Z Pieśni noworocznej Dietricha Bonhoeffera

> Jesus Christus ist derselbe, gestern, heute und in Ewigkeit.

Hebr 13,8

Der irdische Jesus – der Sohn Gottes und der Sohn der Jungfrau Maria – lebte in der Zeit der römischen Kaiser Augustus und Tiberius. Heute lebt er als der auferstandene Herr und Erlöser in der Herrlichkeit seines Vaters. Er ist unser Anwalt bei Gott dem Vater.
Als Jesus zu Betlehem in Judäa geboren worden war und in Nazaret aufwuchs, gehörte seine Heimat zum römischen Weltreich. Die Menschen in Israel sehnten sich aber nach Freiheit von der römischen Unterdrückung. Sie sehnten sich nach einem großen Reich wie damals unter ihrem König David. Jesus aber verkündete das Reich Gottes, das zwar in der Welt, aber nicht von dieser Welt ist:

> Die Zeit ist erfüllt, das Reich Gottes ist nahe. Kehrt um und glaubt an das Evangelium!

Mk 1,15

Bis heute sind wir Menschen erlösungsbedürftig; alle brauchen Erlösung von Gottesferne und Selbstüberhebung. Bis heute ist uns das Reich Gottes nahe; immer kann es in unserem Herzen beginnen. Bis heute müssen wir dazu umkehren von verkehrten Wegen und uns hinwenden zu Christus, dem Licht der Welt; und das heißt auch zum Frieden, zur Gerechtigkeit und Liebe unter den Menschen. *Wenn wir gerettet werden wollen, müssen wir der Frohen Botschaft glauben und sie leben.*

Jesus sagt seinen Jüngern: folgt mir nach!
Wir sollen also mit ihm gehen, bei ihm bleiben und ihn nachahmen. Dazu müssen wir sehen und hören, wie Jesus mit Gott, seinem Vater, und seinen Mitmenschen umging, was er sagte und tat. Das ist aufgeschrieben im Neuen Testament und wird im Gottesdienst vorgelesen. Dadurch wird es gegenwärtig für uns, ein neues Heilsereignis.

Jezus Chrystus jest ten sam wczoraj, dziś i na wieki.

Hbr 13,8

Ziemski Jezus – syn Boga i syn Maryi Dziewicy żył za panowania rzymskich cesarzy Augusta i Tyberiusza. Dziś żyje On jako zmartwychwstały Pan w chwale swego Ojca i wstawia się za nami u Niego. Podczas narodzin Jezusa w Betlejem i Jego życia w Nazarecie ojczyzna Jego należała do Imperium Rzymskiego. Naród izraelski tęsknił do wolności od rzymskiego ucisku i marzył o wielkim królestwie, jak za czasów króla Dawida. Jezus głosił królestwo Boże, które urzeczywistnia się wprawdzie na tym świecie, ale nie jest z tego świata:

Czas się wypełnił i blisko jest królestwo Boże.
Nawracajcie się i zawierzcie Ewangelii!

Mk 1,15

Jak wtedy, tak i dziś potrzebują ludzie odkupienia. I dziś blisko jest królestwo Boże. W każdej chwili może się ono w naszych sercach rozpocząć. Trzeba nam tylko zawrócić z fałszywych dróg i zwrócić się do Chrystusa – światłości świata, to znaczy do pokoju, sprawiedliwości i miłości między ludźmi.
Jeśli chcemy się ocalić, musimy uwierzyć Dobrej Nowinie i według niej żyć.

Jezus powiedział swoim uczniom: „pójdźcie za mną!" I my powinniśmy za Nim pójść, u Niego pozostać i Go naśladować. Patrząc na to, co czynił i słuchając tego, co mówił, trzeba nam się uczyć Jego stosunku do Ojca i bliźnich. Zapisane w Nowym Testamencie i obecne wśród nas w liturgii Kościoła słowo o Jezusie jest i dla nas zbawienne.

In jener Zeit sprach Jesus:

Ich preise dich, Vater, Herr des Himmels und der Erde, weil du all das den Weisen und Klugen verborgen, den Unmündigen aber offenbart hast. Ja, Vater, so hat es dir gefallen. Mir ist von meinem Vater alles übergeben worden; niemand kennt den Sohn, nur der Vater, und niemand kennt den Vater, nur der Sohn, und der, dem es der Sohn offenbaren will.
Kommt alle zu mir, die ihr euch plagt und schwere Lasten zu tragen habt. Ich werde euch Ruhe verschaffen. Nehmt mein Joch auf euch und lernt von mir; denn ich bin gütig und von Herzen demütig; so werdet ihr Ruhe finden für eure Seele. Denn mein Joch drückt nicht, und meine Last ist leicht.

Mt 11,25–30

Ewiges Wort, eingeborener Sohn Gottes, lehre mich die wahre Großmut. Lehre mich dir dienen, wie du es verdienst, geben, ohne zu zählen, kämpfen, ohne meiner Wunden zu achten, arbeiten, ohne Ruhe zu suchen, mich einsetzen, ohne einen andern Lohn zu erwarten als das Bewußtsein, deinen heiligen Willen erfüllt zu haben.
Nimm hin, o Herr, meine ganze Freiheit. Nimm an mein Gedächtnis, meinen Verstand, meinen ganzen Willen. Was ich habe und besitze, hast du mir geschenkt. Ich gebe es dir wieder ganz und gar zurück und überlasse alles dir, daß du es lenkst nach deinem Willen. Nur deine Liebe schenke mir mit deiner Gnade. Dann bin ich reich genug und suche nichts weiter.

Ignatius von Loyola

W owym czasie przemówił Jezus:

Wysławiam Cię, Ojcze, Panie nieba i ziemi, że zakryłeś te rzeczy przed mądrymi i roztropnymi, a objawiłeś je prostaczkom. Tak, Ojcze, gdyż tak się Tobie podobało. Wszystko przekazał mi Ojciec mój. Nikt też nie zna Syna, tylko Ojciec, ani Ojca nikt nie zna tylko Syn, i ten komu Syn zechce objawić.
Przyjdźcie do mnie wszyscy, którzy utrudzeni i obciążeni jesteście, a ja was pokrzepię. Weźcie jarzmo moje na siebie i uczcie się ode mnie, bo jestem cichy i pokorny sercem, a znajdziecie ukojenie dla dusz waszych. Albowiem jarzmo moje jest słodkie, a brzemię moje lekkie.

Mt 11,25–30

Odwieczne Słowo, jednorodzony Synu Boga, naucz mnie prawdziwej wielkoduszności. Naucz mnie Tobie służyć, jak Ty na to zasługujesz, dawać bez wyrachowania, walczyć bez oglądania się na własne rany, pracować, szukać bez wytchnienia, angażować się bez oczekiwania innej zapłaty aniżeli świadomość wypełnienia Twojej świętej woli.
Przyjm, o Panie, całą wolność moją. Weźmij i pamięć, rozum i wszystką moją wolę. Cokolwiek posiadam, od Ciebie otrzymałem. Tobie to oddaję i poświęcam w zupełności do rozporządzenia Twojej woli. Daj mi tylko Twoją miłość i łaskę, a będę bardzo bogaty i o nic więcej nie proszę.

Św. Ignacy Loyola

– den Erwarteten; den Gekommenen; den Freund der Armen und der Sünder; den Gekreuzigten und Auferstandenen; den, der wiederkommt. Gerade darin erweist sich das Neue Testament als die Quelle unseres Glaubens.
Die folgenden Worte aus dem Neuen Testament sollten wir oft erwägen. So finden wir die Antwort auf die entscheidende Frage unseres Lebens: *Wer ist Jesus Christus; was bedeutet er für mich?*

Matthäus:

Die Aufgabe, die Josef, der Sohn Davids, übernehmen soll: Er nimmt Jesus als Sohn in die Nachkommenfolge Davids auf:

> Josef, Sohn Davids, fürchte dich nicht, Maria als deine Frau zu dir zu nehmen; denn das Kind, das sie erwartet, ist vom Heiligen Geist. Sie wird einen Sohn gebären. Ihm sollst du den Namen Jesus geben; denn er wird sein Volk von seinen Sünden erlösen.

Mt 1,20–21

Petrus bekennt von Jesus:

> Du bist der Messias, der Sohn des lebendigen Gottes!
> Jesus sagte zu ihm: Selig bist du, Simon Barjona; denn nicht Fleisch und Blut haben dir das offenbart, sondern mein Vater im Himmel.

Mt 16,16–17

Markus:

Mit dem Kommen Jesu ist die Zeit der Erwartung des Messias zu Ende. Jesus beginnt in Galiläa zu verkünden:

> Die Zeit ist erfüllt, das Reich Gottes ist nahe. Kehrt um und glaubt an das Evangelium.

Mk 1,14

Der heidnische Hauptmann unter dem Kreuz bekennt beim Tode Jesu:

> Wahrhaftig, dieser Mensch war Gottes Sohn!

Mk 15,39

– na którego czekano i który przyszedł; przyjaciela biedaków i grzeszników, ukrzyżowanego i zmartwychwstałego, który znowu przyjdzie w chwale. Właśnie w tym okazuje się Nowy Testament źródłem naszej wiary.
Następujące słowa Nowego Testamentu są godne częstego rozważania. W nich znajdziemy odpowiedź na zasadnicze pytania naszego życia: *kim jest Jezus Chrystus; co On dla mnie oznacza?*

Św. Mateusz:

Zadaniem Józefa z rodu Dawida jest przyjąć Jezusa jako potomka Dawida:

> Józefie, synu Dawida, nie bój się wziąć do siebie Maryi, twej małżonki, albowiem z Ducha Świętego jest to, co się w niej poczęło. Porodzi syna, któremu nadasz imię Jezus. On bowiem zbawi swój lud od jego grzechów.

Mt 1,20–21

Św. Piotr:

> Ty jesteś Mesjaszem, Synem Boga żywego!
> Na to Jezus mu rzekł: Błogosławiony jesteś, Szymonie, synu Jony. Albowiem nie objawiło ci tego ciało i krew, lecz Ojciec mój, który jest w niebie.

Mt 16,16–17

Św. Marek:

Z przyjściem Jezusa skończyło się oczekiwanie na Mesjasza.
Jezus rozpoczyna działalność w Galilei przepowiadaniem:

> Czas się wypełnił i bliskie jest królestwo Boże.
> Nawracajcie się i uwierzcie Ewangelii.

Mk 1,14

Pogański setnik wyznaje pod krzyżem w obliczu śmierci Jezusa:

> Prawdziwie, ten człowiek był Synem Bożym!

Mk 15,39

Lukas:

Der Engel verkündet Maria die Sendung Jesu:

Fürchte dich nicht, Maria, denn du hast bei Gott Gnade gefunden. Du wirst ein Kind empfangen, einen Sohn wirst zu gebären: dem sollst du den Namen Jesus geben. Er wird groß sein und Sohn des Höchsten genannt werden. Gott, der Herr, wird ihm den Thron seines Vaters David geben. Er wird über das Haus Jakob in Ewigkeit herrschen und seine Herrschaft wird kein Ende haben.

Lk 1,30–33

In der Synagoge von Nazaret erklärt Jesus, daß die Prophetenworte sich bei seinem Kommen erfüllt haben:

Der Geist des Herrn ruht auf mir; denn er hat mich gesalbt. Er hat mich gesandt, damit ich den Armen eine gute Nachricht bringe, damit ich den Gefangenen die Entlassung verkünde und den Blinden das Augenlicht; damit ich die Zerschlagenen in Freiheit setze und ein Gnadenjahr des Herrn ausrufe. – Dann schloß er das Buch, gab es dem Synagogendiener und setzte sich. Die Augen aller in der Synagoge waren auf ihn gerichtet. Da begann er ihnen darzulegen: Heute hat sich das Schriftwort, das ihr eben gehört habt, erfüllt.

Lk 4,18–21

Die Frauen erfahren als erste die Auferstehungsbotschaft am leeren Grab.

Die Männer sagten zu ihnen: Was sucht ihr den Lebenden bei den Toten? Er ist nicht hier, sondern er ist auferstanden. Erinnert euch an das, was er euch gesagt hat, als er noch in Galiläa war: Der Menschensohn muß den Sündern ausgeliefert und gekreuzigt werden und am dritten Tag auferstehen. Da erinnerten sie sich an seine Worte. Und sie kehrten vom Grab in die Stadt zurück und berichteten alles den elf und den anderen Jüngern.

Lk 24,5–9

Św. Łukasz:

Anioł zwiastuje Maryi posłannictwo Jezusa:

Nie bój się, Maryjo, znalazłaś bowiem łaskę u Boga.
Oto poczniesz i porodzisz syna, któremu nadasz imię Jezus.
Będzie On wielki i nazwany będzie Synem Najwyższego, a Pan Bóg da Mu tron Jego praojca Dawida. Będzie panował nad domem Jakuba na wieki, a Jego panowaniu nie będzie końca.

Łk 1,30–33

W synagodze w Nazaret oświadcza Jezus, że słowa proroka się na Nim spełniły:

Duch Pański spoczywa na mnie, ponieważ mnie namaścił i posłał, abym ubogim niósł dobrą nowinę, więźniom głosił wolność, a niewidomym przejrzenie; abym uciśnionych odsyłał wolnymi, abym obwoływał rok łaski od Pana.
Zwinąwszy księgę, oddał ją słudze i usiadł. Oczy wszystkich w synagodze były w Nim utkwione. Począł więc mówić do nich: Dziś spełniły się słowa Pisma, które właśnie usłyszeliście.

Łk 4,18–21

Kobiety otrzymują jako pierwsze wieść o zmartwychwstaniu przy pustym grobie:

Dlaczego szukacie żyjącego wśród umarłych? Nie ma Go tutaj; zmartwychwstał. Przypomnijcie sobie, jak wam mówił, będąc jeszcze w Galilei „Syn Człowieczy musi być wydany w ręce grzeszników i ukrzyżowany, lecz trzeciego dnia zmartwychwstanie".
Kiedy przypomniały sobie Jego słowa i wróciły do grobu, oznajmiły to wszystko Jedenastu i wszystkim pozostałym.

Łk 24,5–9

Apostelgeschichte

> Jesus verläßt die Seinen nicht – er bleibt bei ihnen durch seinen Geist. Und einmal wird er sichtbar wiederkommen:
> Dieser Jesus, der von euch ging und in den Himmel aufgenommen wurde, wird ebenso wiederkommen, wie ihr ihn habt zum Himmel hingehen sehen.

Apg 1,11

Der Apostel Petrus verkündet:

> Ihr wißt, was im ganzen Land der Juden geschehen ist, angefangen in Galiläa nach der Taufe, die Johannes verkündet hat: Wie Gott Jesus von Nazaret gesalbt hat mit dem Heiligen Geist und mit Kraft, wie dieser umherzog, Gutes tat und alle heilte, die in der Gewalt des Teufels waren; denn Gott war mit ihm. Und wir sind Zeugen für alles, was er im Land der Juden und in Jerusalem getan hat.

Apg 10,37–38

Johannes:

Das Eingangslied des Johannes-Evangeliums (der „Prolog") nennt Jesus das menschgewordene Wort Gottes:

> Das wahre Licht, das jeden Menschen erleuchtet, kam in die Welt.
> Er war in der Welt, und die Welt ist durch ihn geworden, aber die Welt erkannte ihn nicht.
> Er kam in sein Eigentum, aber die Seinen nahmen ihn nicht auf.
> Allen aber, die ihn aufnahmen, gab er Macht, Kinder Gottes zu werden.
> Alle, die an seinen Namen glauben,
> die nicht aus dem Blut, nicht aus dem Willen des Fleisches, nicht aus dem Willen des Mannes, sondern aus Gott geboren sind. Und das Wort ist Fleisch geworden und hat unter uns gewohnt, und wir haben seine Herrlichkeit gesehen,
> die Herrlichkeit des einzigen Sohnes vom Vater,
> voll Gnade und Wahrheit.

Joh 1,9–14

Dzieje Apostolskie:

Jezus nie opuszcza swoich uczniów, lecz pozostaje z nimi przez swojego Ducha i kiedyś do nich powróci:
Mężowie z Galilei... Ten Jezus, wzięty od was do nieba, przyjdzie tak samo, jak widzieliście Go wstępującego do nieba.

Dz 1.11

Św. Piotr przepowiada:

Wiecie, co się działo w całej Judei, począwszy od Galilei, po chrzcie, który głosił Jan. Znacie sprawę Jezusa z Nazaretu, którego Bóg namaścił Duchem Świętym i mocą. Przeszedł On dobrze czyniąc i uzdrawiając wszystkich, którzy byli pod władzą diabła, albowiem Bóg był z Nim. A my jesteśmy świadkami wszystkiego, co zdziałał w ziemi żydowskiej i Jerozolimie.

Dz 10,37–38

Św. Jan:

Pieśń wstępna Ewangelii według św. Jana, zwana Prologiem, nazywa Jezusa wcielonym Słowem Bożym:

Była światłość prawdziwa, która oświeca każdego człowieka, przychodzącego na świat. Ono (Słowo) było na świecie, a świat stał się przez Nie, lecz świat Go nie poznał. Przyszło do swojej własności, lecz swoi Go nie przyjęli. Wszystkim tym jednak, którzy Je przyjęli, dało moc, aby się stali dziećmi Bożymi; tym, którzy wierzą w imię Jego – którzy ani z krwi, ani z żądzy ciała, ani z woli męża, ale z Boga się narodzili. A Słowo stało się ciałem i zamieszkało wśród nas. I oglądaliśmy Jego chwałę: chwałę, jaką Jednorodzony otrzymuje od Ojca, pełen łaski i prawdy.

J 1,9–14

Die „Ich-bin"-Worte Jesu laden ein zur Besinnung darauf, was Jesus für mich, für uns, für die Welt ist:
Jesus sagt: Wer von dem *Wasser* trinkt, das ich ihm geben werde, wird niemals mehr Durst haben; vielmehr wird das Wasser, das ich ihm geben werde, in ihm zur sprudelnden Quelle werden, deren Wasser ewiges Leben schenkt. Joh 4,10–14

Ich bin das *Brot* des Lebens, wer zu mir kommt, wir nie mehr hungern, und wer an mich glaubt, wird nie mehr Durst haben. Ich bin das lebendige Brot, das vom Himmel herabgekommen ist. Wer von diesem Brot ißt, wird ewig leben. Das Brot, das ich geben werde, ist mein Fleisch für das Leben der Welt. Joh 6,35.51

Ich bin das *Licht* der Welt. Wer mir nachfolgt, wird nicht in der Finsternis umhergehen, sondern wird das Licht des Lebens haben. Joh 8,12

Ich bin die *Tür;* wer durch mich hineingeht, wird gerettet werden; er wird ein- und ausgehen und Weide finden. Joh 10,9

Ich bin der gute *Hirt.* Der gute Hirt gibt sein Leben hin für seine Schafe. Ich bin der gute Hirt; ich kenne die Meinen und die Meinen kennen mich, wie mich der Vater kennt und ich den Vater kenne; und ich gebe mein Leben hin für die Schafe. Joh 10,11.14

Ich bin die *Auferstehung* und das Leben. Wer an mich glaubt, wird leben, auch wenn er stirbt, und jeder, der lebt und an mich glaubt, wird nicht sterben in Ewigkeit. Joh 11,25

Ich bin der *Weg* und die Wahrheit und das Leben; niemand kommt zum Vater außer durch mich. Joh 14,6

Ich bin der wahre *Weinstock* und mein Vater ist der Winzer. Ich bin der Weinstock, ihr seid die Reben. Wer in mir bleibt und in wem ich bleibe, der bringt reiche Frucht; denn getrennt von mir könnt ihr nichts vollbringen.

Joh 15,1.5

Słowa Jezusa: „ja jestem" skłaniają do refleksji nad tym, kim On rzeczywiście jest dla mnie, dla nas i dla świata.

Jezus mówi:

Kto będzie pił *wodę,* którą ja mu dam, nie będzie nigdy więcej pragnął, albowiem woda, którą ja mu dam, stanie się w nim źródłem wody tryskającej ku życiu wiecznemu. J 4,14

Ja jestem *chlebem* życia. Kto do mnie przychodzi, nie będzie łaknął; a kto we mnie wierzy, nigdy pragnąć nie będzie...
Ja jestem chlebem żywym, który zstąpił z nieba. Kto spożywa ten chleb, żyć będzie na wieki. Chlebem, który ja dam, jest moje ciało za życie świata.
J 6,35.51

Ja jestem *światłością* świata. Kto idzie za mną, nie będzie chodził w ciemności, lecz będzie miał życie wieczne. J 8,12

Ja jestem *bramą.* Jeżeli ktoś wejdzie przeze mnie, będzie zbawiony – wejdzie i wyjdzie, i znajdzie pastwisko. J 10,9

Ja jestem dobrym *pasterzem.* Dobry pasterz życie swoje daje za owce...
Ja jestem dobrym pasterzem. Znam moje owce i one mnie znają, podobnie jak mnie zna Ojciec, a ja znam Ojca.
Życie moje oddaję za owce. J 10,11.14

Ja jestem *zmartwychwstaniem* i życiem. Kto we mnie wierzy, choćby i umarł, żyć będzie. Każdy, kto żyje i wierzy we mnie, nie umrze na wieki.
J 11,25

Ja jestem *drogą,* prawdą i życiem. Nikt nie przychodzi do Ojca inaczej jak tylko przeze mnie. J 14,6

Ja jestem prawdziwym *krzewem winnym,* a mój Ojciec jest tym, który go uprawia...
Ja jestem krzewem winnym, wy – latoroślami. Kto trwa we mnie, a ja w nim, ten przynosi obfity owoc, ponieważ beze mnie nic nie możecie uczynić.
J 15,1.5

GEBOREN VON DER JUNGFRAU MARIA

„Und das Wort ist Fleisch geworden und hat unter uns gewohnt." So umschreibt der Evangelist Johannes das Geheimnis der Menschwerdung Gottes in Jesus Christus: Der „Sohn Gottes", das „Wort" des Vaters wird „Fleisch", d. h. ein Mensch mit Leib und Seele wie wir. Gott neigt sich in ihm nicht nur zum Menschen, er steigt herab und wird einer von uns: der Gottmensch Jesus Christus.

Dieses Geheimnis der Menschwerdung Gottes bekennen wir:

Er ist *„empfangen vom Heiligen Geist, geboren von der Jungfrau Maria"*.

Maria, die einzig erwählte Mutter des Erlösers, durfte im Namen der ganzen Menschheit auf die Botschaft des Engels ihr Ja-Wort sagen: „Siehe, ich bin die Magd des Herrn, mir geschehe nach deinem Wort."

Darum ist sie die *„Mutter des Glaubens"*, die *„Mutter der Kirche"*.

Herr, laß auch meinen Glauben ein solches Ja-Wort sein.

Wir verehren Maria als die Jungfrau „voll der Gnade". Wir gedenken ihrer an ihren Festen im Kirchenjahr, im Rosenkranz und in vielen Gebeten. Wir lieben sie als die Mutter unseres Herrn.

Nach dem Beispiel des Engels grüßen wir die Gottesmutter mit dem *„Ave Maria"* und dem *„Engel des Herrn"*:

Gegrüßet seist du, Maria,
voll der Gnade,
der Herr ist mit dir.
Du bist gebenedeit unter den Frauen,
und gebenedeit ist die Frucht deines Leibes,
Jesus.
Heilige Maria, Mutter Gottes,
bitte für uns Sünder,
jetzt und in der Stunde unseres Todes.
Amen.

Der „Angelus"

(„Engel des Herrn")

Der Engel des Herrn brachte Maria die Botschaft,
und sie empfing vom Heiligen Geist.
Gegrüßet seist du, Maria, ...

Maria sprach: Siehe, ich bin die Magd des Herrn;
mir geschehe nach deinem Wort.
Gegrüßet seist du, Maria, ...

NARODZIŁ SIĘ Z MARYI PANNY

„A Słowo ciałem się stało i zamieszkało między nami".
Tak opisuje św. Jan Ewangelista tajemnicę wcielenia Boga w Jezusie Chrystusie. Syn Boży, Słowo Ojca, staje się ciałem, to znaczy człowiekiem z ciałem i duszą jak my. Bóg się nie tylko w Nim ku człowiekowi skłania, lecz do niego zstępuje i staje się jednym z ludzi jako Bóg-człowiek, Jezus Chrystus.
Tę tajemnicę Wcielenia wyznajemy słowami:
„Który się począł z Ducha Świętego, narodził się z Maryi Panny".
Maryja, wybrana na matkę Zbawiciela, mogła w imieniu całej ludzkości odpowiedzieć zwiastującemu aniołowi: „Oto ja służebnica Pańska, niech mi się stanie według słowa Twego".
Dlatego jest Ona *„Matką naszej wiary"* i *„Matką Kościoła".*

Panie, niech i moja wiara będzie takim *fiat!*

Czcimy Maryję jako Dziewicę pełną łaski. Pamiętamy o Niej z okazji Jej świąt w roku kościelnym, odmawiając różaniec czy inne modlitwy. Kochamy Ją jako Matkę naszego Pana.
Za przykładem Anioła pozdrawiamy Maryję jako Matkę Bożą słowami modlitw: *„Zdrowaś Maryjo"* czy *„Anioł Pański".*

Zdrowaś Maryjo
łaski pełna,
Pan z Tobą,
błogosławionaś Ty między niewiastami
i błogosławiony owoc żywota Twojego
Jezus.
Święta Maryjo, Matko Boża,
módl się za nami grzesznymi
teraz i w godzinę śmierci naszej.
Amen.

„Angelus"
(Anioł Pański)

Anioł Pański zwiastował Pannie Maryi
i poczęła z Ducha Świętego.
Zdrowaś Maryjo...
Oto ja służebnica Pańska
niech mi się stanie według słowa Twego.
Zdrowaś Maryjo...

Und das Wort ist Fleisch geworden
und hat unter uns gewohnt.
Gegrüßet seist du, Maria, ...

Bitte für uns, heilige Gottesmutter,
daß wir würdig werden
der Verheißungen Christi.

Allmächtiger Gott,
gieße deine Gnade in unsere Herzen ein.
Durch die Botschaft des Engels haben wir die
Menschwerdung Christi, deines Sohnes, erkannt.
Laß uns durch sein Leiden und Kreuz zur Herrlichkeit
der Auferstehung gelangen.
Darum bitten wir
durch Christus, unsern Herrn.
Amen.

A Słowo ciałem się stało
i mieszkało między nami.
Zdrowaś Maryjo...

Módl się za nami Święta Boża Rodzicielko,
abyśmy się stali godnymi
obietnic Pana Chrystusowych.

Łaskę Twoją, prosimy Cię Panie,
racz wlać w serca nasze;
abyśmy, którzy za zwiastowaniem anielskim
wcielenie Chrystusa, Syna Twego poznali,
przez mękę Jego i krzyż
do chwały zmartwychwstania zostali doprowadzeni.
Przez tego Chrystusa, Pana naszego.
Amen.

JESUS, DER HERR, IST DER DIENER ALLER

Das ist sein Gebot: daß wir einander lieben. Wie Jesus seine Sendung verstand und warum er unter den Menschen einer war, der diente, das zeigte er in der Stunde des irdischen Abschieds von seinen Jüngern. Der Evangelist Johannes schreibt:

> Es war vor dem Paschafest. Jesus wußte, daß seine Stunde gekommen war, um aus dieser Welt zum Vater hinüberzugehen. Da er die Seinen, die in der Welt waren, liebte, erwies er ihnen seine Liebe bis zur Vollendung. Es fand ein Mahl statt, und der Teufel hatte Judas, dem Sohn des Simon Iskariot, schon ins Herz gegeben, ihn zu verraten und auszuliefern. Jesus, der wußte, daß ihm der Vater alles in die Hand gegeben hatte und daß er von Gott gekommen war und zu Gott zurückkehrte, stand vom Mahl auf, legte sein Gewand ab und umgürtete sich mit einem Leinentuch. Dann goß er Wasser in eine Schüssel und begann, den Jüngern die Füße zu waschen und mit dem Leinentuch abzutrocknen, mit dem er umgürtet war. Als er zu Simon Petrus kam, sagte dieser zu ihm: Du, Herr, willst mir die Füße waschen? Jesus antwortete ihm: Was ich tue, verstehst du jetzt noch nicht; doch später wirst du es begreifen. Petrus entgegnete ihm: Niemals sollst du mir die Füße waschen! Jesus erwiderte ihm: Wenn ich dich nicht wasche, hast du keinen Anteil an mir. Da sagte Simon Petrus zu ihm: Herr, dann nicht nur meine Füße, sondern auch die Hände und das Haupt.
> Als er ihnen die Füße gewaschen, sein Gewand wieder angelegt und Platz genommen hatte, sagte er zu ihnen: Begreift ihr, was ich an euch getan habe? Ihr sagt zu mir Meister und Herr, und ihr nennt mich mit Recht so; denn ich bin es. Wenn nun ich, der Herr und Meister, euch die Füße gewaschen habe, dann müßt auch ihr einander die Füße waschen. Ich habe euch ein Beispiel gegeben, damit auch ihr so handelt, wie ich an euch gehandelt habe.
> Amen, amen, ich sage euch: Der Sklave ist nicht größer als sein Herr, und der Abgesandte ist nicht größer als der, der ihn gesandt hat. Selig seid ihr, wenn ihr das wißt und danach handelt.

Joh 13,1–16

Was ist der Auftrag Jesu Christi für mein Leben?

JEZUS, PAN NAJWYŻSZY, JEST SŁUGĄ WSZYSTKICH

On nakazuje nam, byśmy się wzajemnie miłowali. Jak Jezus rozumiał swoje posłannictwo i dlaczego chciał ludziom służyć, pokazało się w godzinie Jego pożegnania z uczniami.
Święty Jan Ewangelista opisuje:

Było to przed świętem Paschy. Jezus wiedząc, że nadeszła Jego godzina przejścia z tego świata do Ojca, umiłowawszy swoich na świecie, do końca ich umiłował. W czasie wieczerzy, gdy diabeł już nakłonił serce Judasza Iskarioty, syna Szymona, aby Go wydać, wiedząc, że Ojciec dał Mu wszystko w ręce, oraz że od Boga wyszedł i do Boga idzie, wstał od wieczerzy i złożył szaty. A wziąwszy prześcieradło, przepasał się nim. Potem nalał wody do miednicy i zaczął umywać uczniom nogi, i ocierać prześcieradłem, którym był przepasany. Kiedy podszedł do Szymona Piotra, ten rzekł do Niego: Panie, Ty chcesz mi umyć nogi? Jezus mu odpowiedział: Tego, co ja czynię, ty teraz nie rozumiesz, ale później będziesz to wiedział. Rzekł do Niego Piotr: Nie, nigdy nie będziesz mi mył nóg. Odpowiedział mu Jezus: Jeśli ci nie umyję, nie będziesz miał udziału ze mną. Rzekł do Niego Szymon Piotr: Panie, nie tylko moje nogi, ale i ręce, i głowę... A kiedy im umył nogi, przywdział szaty, znów zajął miejsce przy stole i rzekł do nich: Czy rozumiecie co wam uczyniłem? Nazywacie mnie nauczycielem i panem i dobrze mówicie, bo nim jestem. Jeżeli więc ja, pan i nauczyciel, umyłem wam nogi, to i wy powinniście sobie nawzajem nogi umywać. Dałem wam bowiem przykład, abyście i wy tak czynili, jak ja wam uczyniłem.
Zaprawdę, zaprawdę powiadam wam: Sługa nie jest większy od swego pana ani wysłannik od tego, który go posłał. Błogosławieni jesteście, jeżeli o tym wiecie i według tego postępujcie".

J 13,1–16

Jakie zadanie wyznaczył mi Jezus Chrystus w moim życiu?

GELITTEN UNTER PONTIUS PILATUS, GEKREUZIGT UND BEGRABEN

Wie ein Verbrecher ist Jesus gekreuzigt worden. Die Kreuzigung war die schlimmste Todesart, zu der die Römer einen Menschen verurteilten. Entehrt und unter schrecklichen Schmerzen starb Jesus am Kreuz.
Die Kreuzigung Jesu – wie war sie möglich? Und was soll sie bedeuten? Von seinem Volk, den Juden, ist Jesus damals nicht als Messias und Sohn Gottes erkannt worden. So lieferte ihn der Hohe Rat als Unruhestifter und Gotteslästerer an den römischen Statthalter aus. Pontius Pilatus ließ ihn geißeln und töten – er wollte als „Freund des Kaisers" gelten und jede Unruhe vermeiden. Jesus aber war unschuldig. Er starb als das „Lamm Gottes", als Opfer für die Sünden der Welt. Das ist ein großes Glaubensgeheimnis.
„Für uns Menschen und zu unserem Heil" ist er gekommen, hat unter uns gelebt und ist gestorben. Er ist unser Erlöser von Sünde und Tod.

Wir sind in der Taufe mit ihm begraben und auferstanden. Deshalb leben wir in der Hoffnung, nicht im Tod zu bleiben, sondern Anteil zu gewinnen an seinem ewigen Leben.
Im Glaubensbekenntnis wird von Jesus gesagt: er ist *„hinabgestiegen in das Reich des Todes"*, in die „Unterwelt" der Toten. Damit bekennen wir Christen, daß er in seinem Leiden und Sterben der Erlöser aller geworden ist – aller, die vor ihm, die mit ihm und die nach ihm gelebt haben und leben.

Auf den Osterbildern der Ostkirche wird gern dargestellt, wie Christus die Pforten des Totenreiches mit seinem heiligen Kreuz überwunden hat und die Stammeltern der Menschheit, Adam und Eva, und alle Gerechten des Alten Bundes in die Freiheit führt.

UMĘCZON POD PONCKIM PIŁATEM, UKRZYŻOWAN I POGRZEBION

Jezus został ukrzyżowany jak złoczyńca. Ukrzyżowanie było najstraszliwszym rodzajem kary śmierci, stosowanym przez Rzymian. Zbeszczeszczony i wśród straszliwych męczarni umarł Jezus na krzyżu.
Ukrzyżowanie Jezusa – jakże było ono możliwe, co miało oznaczać?
Własny naród żydowski nie uznał Jezusa za Mesjasza i Syna Bożego. Dlatego Wysoka Rada wydała Go rzymskiemu namiestnikowi jako siewcę niepokoju i bluźniercę. Poncjusz Piłat, który chciał uchodzić za przyjaciela cesarza, a przy tym uniknąć rozruchów, nakazał Go ubiczować i stracić. Niewinny Jezus umarł jako Baranek Boży, ofiara za grzechy świata. Jest to wielka tajemnica wiary.
Jezus przyszedł *„dla nas ludzi i dla naszego zbawienia"*, żył między nami i umarł. On jest naszym Odkupicielem od grzechu i śmierci.

Przez chrzest święty jesteśmy z Nim pogrzebani, aby i z Nim zmartwychwstać. Dlatego żyjemy w nadziei, że nie pozostaniemy w śmierci, lecz otrzymamy udział w Jego życiu wiecznym.
Skład Apostolski mówi dalej o Jezusie: *„zstąpił do piekieł"* – podziemnego świata umarłych.
Przez to wyznajemy, że stał się On przez swoją mękę i śmierć Zbawicielem wszystkich – tych, którzy żyli przed Nim i Jemu współcześnie, a także tych, którzy po Nim przyjdą na świat.

Wielkanocne ikony Kościoła ortodoksyjnego przedstawiają Chrystusa, który swoim świętym krzyżem pokonuje bramy piekielne i wyprowadza na wolność patriarchów ludzkości Adama i Ewę oraz wszystkich sprawiedliwych Starego Przymierza.

An das Leiden und Sterben Jesu Christi erinnert uns jeder Freitag, besonders der Freitag in der Karwoche, der Karfreitag. Wir beten unter dem Kreuz des Herrn für alle Menschen.

Ich danke dir, Herr Jesus Christ,
daß du für uns gestorben bist.
O laß dein Blut und deine Pein
an uns doch nicht verloren sein.

Das Kreuz ist das heiligste Zeichen: das Zeichen Christi und der Christen. Wenn wir uns mit ihm bezeichnen – von der Stirn zur Brust, und von der linken Schulter zur rechten –, dann rufen wir Gottes Hilfe auf uns herab. Herr, du bist bei mir, und ich will bei dir sein!
Wir segnen uns mit dem Zeichen des Kreuzes, spenden mit ihm die Sakramente, verehren das Kreuz in unseren Häusern und in der Öffentlichkeit. Wir stellen es auf die Gräber in der Hoffnung auf die endgültige Erlösung.

Każdy piatek, szczególnie piątek w Wielkim Tygodniu, zwany Wielkim Piątkiem, przypomina nam mękę i śmierć Jezusa Chrystusa. Pod krzyżem Pańskim modlimy się za wszystkich ludzi:

Panie Jezu Chryste,
dziękujemy Ci, że za nas umarłeś.
Oby Twoja krew i męka
nie była dla nas daremne.

Krzyż jest znakiem najświętszym – znakiem Chrystusa i chrześcijan. Kiedy się nim znaczymy – od czoła do piersi, od lewego ramienia do prawego – wzywamy Bożej pomocy.
Panie, Ty jesteś ze mną; chcę być przy Tobie!
Znakiem krzyża się żegnamy, znak ten stosujemy przy udzielaniu sakramentów. Krzyż czcimy w naszych domach i w życiu publicznym. Stawiamy go też na grobach jako znak nadziei na wieczne zbawienie.

Wie war es möglich, daß die Botschaft von Jesus nicht unterging?

Die Hoffnung der Feinde Jesu erfüllte sich nicht. Mit seinem Tod am Kreuz war nicht endgültig Schluß mit seinem Leben und seiner Botschaft. Wir dürfen durchaus annehmen, daß wir von Jesus heute kaum mehr als seinen Namen wüßten, vielleicht nicht einmal dies; es gäbe kein Evangelium und keine Kirche, wenn er nicht auferstanden wäre.
Erst mit seiner Auferstehung hat er den Glauben seiner Jünger wieder aufgerichtet; er hat sie mit einer unerhörten Botschaft in die Welt hinausgesandt: Gott hat seinen Sohn endgültig bestätigt, indem er den Gekreuzigten nicht im Tod ließ, sondern auferweckte. Seine Botschaft ist Gottes Wort; sein Leben und Sterben war unsere Erlösung; seine Auferstehung ist unsere Hoffnung auf ewiges Leben!
Dieser unerhörte Vorgang wird in der Bibel oft *Auferweckung* genannt – denn er ist ein Werk Gottes des Vaters; er wird ebenso *Auferstehung* genannt – denn er ist die Verherrlichung des Sohnes, sein eigenes Werk kraft seiner Gottheit.
Gott hat sich erwiesen als „der Gott, der die Toten erweckt". Jesus hat sich erwiesen als „die Auferstehung und das Leben". Das Neue Testament selber beschreibt mehrfach, wie unglaublich dieses Faktum zunächst den Jüngern selbst erschien. Sie glaubten nicht wegen des leeren Grabes, auch nicht wegen der Botschaft der Frauen, die als erste bezeugten: Er lebt.
Thomas glaubte selbst seinen Freunden die Botschaft nicht – erst mußte er selber dem Auferstandenen begegnen.
Dieses Widerfahrnis der Jünger bezeugt das Neue Testament vielfach; als erster Paulus in seiner Aufzählung im ersten Korintherbrief Kapitel 15,3–10:

Denn vor allem habe ich euch überliefert,
was auch ich empfangen habe:
Christus ist für unsere Sünden gestorben,
gemäß der Schrift,
und ist begraben worden.
Er ist am dritten Tag auferweckt worden,
gemäß der Schrift,
und erschien dem Kephas, dann den Zwölf.

Danach erschien er mehr als fünfhundert Brüdern zugleich; die meisten von ihnen sind noch am Leben, einige sind entschlafen. Danach erschien er dem Jakobus, dann allen Aposteln. Als letztem von allen erschien er auch mir, dem Unerwarteten, der „Mißgeburt". Denn ich bin der geringste von den Aposteln; ich bin nicht wert, Apostel genannt zu werden, weil ich die Kirche Gottes verfolgt habe. Doch durch Gottes Gnade bin ich, was ich bin, und sein gnädiges Handeln an mir ist nicht ohne Wirkung geblieben.

ZMARTWYCHWSTAŁ

Jak to było możliwe, że wieść o Jezusie nie zaginęła?

Nadzieje wrogów Jezusa się nie spełniły. Ze śmiercią na krzyżu nie skończyło się ani Jego życie, ani głoszona przez Niego nauka. Można przypuszczać, że gdyby Jezus nie zmartwychwstał, nie wiedzielibyśmy pewnie o Nim nic, poza Jego imieniem; nie byłoby też Ewangelii ani Kościoła. Dopiero zmartwychwstanie Jezusa umocniło wiarę Jego uczniów. Na Jego rozkaz gotowi są ponieść na cały świat niesłychaną nowinę:
Bóg potwierdził nieodwołalnie swego Syna przez to, że nie zostawił Ukrzyżowanego w śmierci, lecz Go wskrzesił z martwych. Dlatego Jego nauczanie jest słowem Bożym, Jego życie i śmierć naszym zbawieniem, Jego zmartwychwstanie naszą nadzieją na życie wieczne.
To nadzwyczajne zdarzenie nazywa Pismo Święte niekiedy *wskrzeszeniem,* ponieważ jest ono dziełem Boga Ojca, a niekiedy *zmartwychwstaniem,* bo jest ono uwielbieniem Syna, dziełem Jego własnej boskości.
Ojciec okazał się „Bogiem, który wskrzesza z martwych", a Syn zmartwychwstaniem i życiem. Nowy Testament wielokrotnie opisuje, jak niewiarygodne wydawało się z początku to wydarzenie samym uczniom. Uwierzyli nie z powodu pustego grobu czy wiadomości, przyniesionej przez kobiety, że On żyje. Tomasz nie uwierzył nawet swoim przyjaciołom, póki sam przed Zmartwychwstałym nie stanął. Nowy Testament mówi wielokrotnie o spotkaniach uczniów z Jezusem po Jego śmierci. Jako pierwszy wylicza je św. Paweł w Pierwszym Liście do Koryntian, rozdział 15, wiersze 3–10:

Przekazałem wam na początku
to, co przejąłem:
że Chrystus umarł – zgodnie z Pismem –
za nasze grzechy
i został pogrzebany.
Trzeciego dnia zmartwychwstał,
zgodnie z Pismem,
i ukazał się Kefasowi, a potem Dwunastu.

Później zjawił się więcej niż pięciuset braciom równocześnie; większość z nich żyje dotąd, niektórzy zaś pomarli. Potem ukazał się Jakubowi, później wszystkim apostołom. W końcu, już po wszystkich, ukazał się i mnie jako poronionemu płodowi. Jestem bowiem najmniejszy ze wszystkich apostołów i niegodzien zwać się apostołem, bo prześladowałem Kościół Boży. Lecz za łaską Boga jestem tym, czym jestem, a dana mi łaska nie okazała się daremna.

Wenn schon den Jüngern damals die Botschaft so unglaublich war, daß ihre Skepsis nur vom Auferstandenen selbst – durch seine Selbstoffenbarung – überwunden werden konnte, wie viel mehr den unbeteiligten Zeitgenossen und den später Geborenen. So geht nicht nur der Glaube, sondern auch die Leugnung der Auferstehung Christi durch die Geschichte. Denn wenn sie nicht erfahren, erkannt und geglaubt wird als das Werk Gottes – was könnte sie anderes sein als Betrug oder Täuschung oder eine Illusion?
Aber die Jünger waren nicht imstande, nach dem Schock der Kreuzigung Jesu seinen Leichnahm zu stehlen und dann zu behaupten, er lebe, und darauf eine Frohe Botschaft aufzubauen – wie Matthäus diese „Betrugshypothese" schildert.
Auch war der Gekreuzigte nicht bloß ein Scheintoter gewesen, der später wieder auftrat – wie denn? Als ein Auferstandener und nicht als Schwerverletzter mit den furchtbaren Wunden der Kreuzigung? Solche Ausreden vor einem unglaublichen Faktum wirken eher peinlich. Jesus hatte „seine Sache" so sehr an seine Person gebunden, daß „seine Sache nicht weitergehen konnte", wenn er nicht mehr existierte.
Die Auferstehung des Herrn ist darum nicht nur eine bildliche Rede dafür, daß die Sache Jesu weiterging – denn sie wäre nicht weitergegangen, wenn nicht das Faktum der Auferstehung alles geändert und gewendet hätte. Wir können nicht beschreiben, wie dieses Faktum vor sich ging und wie der Leib des Auferstandenen beschaffen ist – wir wissen nur: er ist nicht mehr sterblich, nicht mehr hinfällig und vergänglich, sondern unsterblich, stark und herrlich, überirdisch und verklärt (vgl. 1 Kor 15,42–45).
Auferstehung Jesu heißt nicht: Rückkehr in dieses Leben, sondern neues unsterbliches Leben. Das ist es, was auch uns als vollendete Erlösung verheißen ist.
Weil Gott mit Jesus war in seinem Tod und seiner Auferstehung, weil Jesus Gottes Sohn ist, weil Gottes Liebe stärker ist als der Tod und weil er in seinem Geist immer bei uns bleibt, darum geht die Botschaft Jesu und von Jesus nicht unter.

Jeżeli nawet uczniowie byli tak sceptyczni, że wątpliwości ich mógł rozwiać dopiero sam Zmartwychwstały przez swe objawienie, jakże się dziwić niewierze ich rodaków, bezpośrednio nie związanych z Jezusem, i niewierze przyszłych pokoleń? I tak, wiara i niewiara w zmartwychwstanie Jezusa przewijała się przez historię ludzkości. Zmartwychwstanie bowiem, które nie zostało doświadczone, uznane i przyjęte jako dzieło Boga, nie może być dla wielu niczym innym, jak oszustwem czy iluzją.

Już Mateusz rozprawia się z „hipotezą oszustwa". Przecież uczniowie zaszokowani ukrzyżowaniem, nie byli w stanie ukraść ciała Jezusa, ogłosić, że On żyje i oprzeć na tym swojej działalności.

Nie można też mówić o pozornej śmierci Ukrzyżowanego, który jakoby znajdował się tylko w letargu, zanim się ukazał. W jaki sposób? Jako ciężko ranny ze strasznymi znakami ukrzyżowania? Żenujące są te próby zaprzeczenia nadzwyczajnego faktu zmartwychwstania. Jezus tak bardzo związał swe dzieło ze swą osobą, że nie byłoby ono możliwe, gdyby On sam nie pozostał przy życiu.

Zmartwychwstanie Jezusa nie jest żadnym obrazowym uzasadnieniem kontynuacji Jego dzieła. Nigdy nie mogłoby się ono rozwinąć gdyby fakt zmartwychwstania nie zmienił i nie odwrócił dotychczasowych pojęć. Naturalnie nie potrafimy opisać, jak się ten fakt dokonał i jaka była struktura ciała zmartwychwstałego Chrystusa. Wiemy tylko, że nie było już ono śmiertelne, wątłe, poddane przemijaniu, lecz nieśmiertelne, wspaniałe, nadziemskie, przemienione (por. 1 Kor 15,42–45).

Zmartwychwstanie Jezusa nie oznacza powrotu do tego życia, lecz życie nowe, nieśmiertelne. Przyrzeczono je i nam jako wypełnienie dzieła odkupienia.

Ewangelia Jezusa nie może zaginąć, ponieważ:

Bóg był z nim w Jego śmierci i zmartwychwstaniu;

Jezus jest Synem Bożym;

miłość Boża jest mocniejsza od śmierci;

On jest zawsze z nami przez swego Ducha Świętego.

ER WIRD WIEDERKOMMEN IN HERRLICHKEIT

An Jesus Christus entscheidet sich das Heil jedes Menschen – ob er das Ziel seines Lebens erreicht. Die Urkirche rief „Marana tha", Komm, o Herr. Die ersten Christen hofften, die Vollendung des Reiches Gottes durch die Wiederkunft des Herrn noch selber zu erleben. Aber seine Wiederkunft verzögerte sich, niemand weiß, wann er wiederkommt. Die Christen erkannten, daß sie dem lebendigen und kommenden Herrn bereits im Augenblick ihres eigenen Todes begegnen würden und daß der Herr schon zu diesem Zeitpunkt über Gut und Böse in ihrem Leben befinden wird. – Im Licht seines untrüglichen Blickes erkennen sie selbst, wie es um sie steht.
Dennoch – unser Heil vollendet sich nicht für uns als einzelne. Wir erreichen das Ziel nur gemeinsam mit der Gesamtheit aller Menschen – dann, wenn einmal alle menschliche Geschichte zu Ende sein wird und alle geschichtlichen Mächte, alle Verwicklungen, Verflechtungen und Tragödien im Lichte Gottes in ihrem Für und Wider, ihrem Gut und Böse erkannt und beurteilt werden – und wir mit ihnen. Das wird geschehen, wenn Christus aus der Verborgenheit heraustritt in seiner Herrlichkeit als Herr und Richter der Welt. Er wird – sagt der Glaube der Christen – kommen *„zu richten die Lebenden und die Toten"*.
Weil wir auf die Vollendung der Welt und unseres Lebens zugehen, darum dürfen wir nicht im Guten erlahmen. Wachsam im Glauben und bereit für das Gute – dann mag der Herr zu jeder Zeit kommen.

Wir wissen: Zu mir kam er, als ich gläubig wurde; ich bin getauft. *Zu mir kommt er* – in seinem Wort und besonders in der heiligen Eucharistie.
Zu mir wird er kommen im Augenblick meines Todes und am Ende aller Tage.

Ich lege mein Leben in Gottes Hände
und Gottes Hände sind gute Hände.

Kardinal Joseph Höffner

Od Jezusa Chrystusa zależy zbawienie każdego człowieka. Kościół pierwotny wołał: „Marana tha!" – „Przyjdź, Panie!" Pierwsi chrześcijanie wierzyli, że jeszcze za ich życia wypełni się obietnica królestwa Bożego przez powtórne przyjście Chrystusa. Kiedy jednak Jego przyjście się przeciągało – nikt nie zna czasu ani godziny – zrozumieli, że spotkanie z Bogiem żywym nastąpi w chwili ich śmierci, i że wtedy oceni On dobro i zło popełnione przez każdego. W świetle Jego nieomylnego spojrzenia będzie można natychmiast odczytać swój własny los.
Mimo to zbawienie nie dokona się pojedynczo. Swój cel osiągnie człowiek tylko wspólnie z całą ludzkością, gdy nastąpi koniec świata. W świetle Bożym okażą się i zostaną osądzone wszystkie historyczne moce, uwikłania, zależności i tragedie z ich za i przeciw, dobrem i złem, a wraz z nimi i my. Stanie się to, gdy Chrystus ukaże się w swym majestacie jako Pan i Sędzia świata, by, jak mówi nasza wiara, *„sądzić żywych i umarłych"*.
Wiedząc, że zmierzamy ku końcowi świata i naszego życia, nie wolno nam ustawać w dobrem. Czujni w wierze i gotowi do dobrych czynów, spokojnie oczekujemy przyjścia Pana, kiedy Mu się spodoba.

Wiemy, że:
Pan przyszedł do mnie, gdym przez chrzest przyjął wiarę;
Pan przychodzi do mnie w swoim Słowie i szczególnie w Eucharystii;
Pan przyjdzie do mnie w chwili mej śmierci i na końcu czasów.

Moje życie składam w ręce Boga.
Boże ręce są dobre.

Kardynał Józef Höffner

ICH GLAUBE AN DEN HEILIGEN GEIST

Die Liebe zwischen Gott dem Vater und seinem Sohn, der in Jesus Christus Mensch geworden ist, diese Liebe ist nicht etwas, sondern jemand: der Heilige Geist. Er verbindet den Vater und den Sohn; ihm schreiben wir zu, daß er auch Gott und die Menschen verbindet. Die Liebe Gottes ist „ausgegossen in unseren Herzen durch den Heiligen Geist". Er ist das Schönste, das Heiligste und Beste, was uns beleben und beseelen kann.

Aber der Geist Gottes ist unsichtbar und ungreifbar. Er wirkt im Menschen nicht mit Gewalt, sondern in der Sanftheit und Freude seiner Gegenwart. Er ist für viele Menschen der „unbekannte Gott" – wohl auch deswegen, weil er der verborgen immer gegenwärtige Gott unseres Lebens ist.

Der Geist Gottes schwebte bei der Weltschöpfung über den Wassern und ordnete das Chaos. Im Alten Bund hat er gesprochen durch die Propheten. Auf Jesus kam er herab bei der Taufe im Jordan und ruhte bleibend auf ihm. Auf die Kirche kam er herab am Pfingstfest. Er ist die Seele der Kirche.

Er formt und lenkt die Kirche, er führt sie tiefer in die Wahrheit ein und bewahrt vor Irrtum, er schenkt den Glaubenszeugen Kraft zum Bekenntnis, tröstet die Leidenden und bewegt alle Gläubigen zu Werken der Liebe. Die Kirche feiert den Heiligen Geist in besonderer Weise an Pfingsten. Immer aber betet sie zu Gott dem Vater durch Christus in der Gemeinschaft des Heiligen Geistes.

Wir beten:

Gott, du hast die Herzen deiner Gläubigen durch die Erleuchtung des Heiligen Geistes gelehrt. Gib, daß wir in diesem Geist erkennen, was recht ist, und allezeit seinen Trost und seine Hilfe erfahren. Darum bitten wir durch Christus, unsern Herrn.

WIERZĘ W DUCHA ŚWIĘTEGO

Miłość między Bogiem Ojcem i Synem, który w Jezusie Chrystusie stał się człowiekiem, nie jest czymś, lecz Kimś – Duchem Świętym. On jest więzią między Ojcem i Synem; Jemu przypisujemy też, że łączy On człowieka z Bogiem. Pismo Święte mówi, że miłość Boża jest rozlana w naszych sercach przez Ducha Świętego. Jedynie On – odwieczne Piękno, Świętość i Dobro, może nas ożywić i uduchowić. Ducha Świętego nie można zobaczyć ani dotknąć. Łagodnie, nie przemocą, działa On w człowieku i napełnia go radością płynącą z Jego obecności. Jako ukryty, aczkolwiek wszędzie obecny Bóg naszego życia, jest On dla wielu ludzi Bogiem nieznanym.
Na początku dzieła stworzenia Duch Boży unosił się ponad wodami i porządkował chaos. W Starym Testamencie mówił przez proroków. Na Jezusa zstąpił podczas chrztu w Jordanie i w Nim pozostał. Kościół otrzymał Go w dzień Pięćdziesiątnicy: odtąd jest On jego duszą.
Duch Święty kształtuje i prowadzi Kościół, utwierdza go w prawdzie i chroni przed błędem. On daje siły wyznawcom, pociesza cierpiących, skłania wszystkich wiernych do miłości. Kościół, który szczególnie czci Ducha Świętego w Zielone Świątki, modli się zawsze do Boga Ojca przez Chrystusa w jedności z Duchem Świętym.

Modlimy się:

Boże, Ty oświeciłeś serca wiernych światłem Ducha Świętego. Daj nam w tymże Duchu poznać co jest prawe i Jego pociechą zawsze się weselić. Przez Chrystusa, Pana naszego. Amen.

Die Kirche ruft zum Heiligen Geist:

2. Komm, Tröster, der die Herzen lenkt, / du Beistand, den der Vater schenkt; / aus dir strömt Leben, Licht und Glut, / du gibst uns Schwachen Kraft und Mut.
3. Dich sendet Gottes Allmacht aus / im Feuer und in Sturmes Braus; / du öffnest uns den stummen Mund / und machst der Welt die Wahrheit kund.
4. Entflamme Sinne und Gemüt, / daß Liebe unser Herz durchglüht / und unser schwaches Fleisch und Blut / in deiner Kraft das Gute tut.
5. Die Macht des Bösen banne weit, / schenk deinen Frieden allezeit. / Erhalte uns auf rechter Bahn, / daß Unheil uns nicht schaden kann.
6. Laß gläubig uns den Vater sehn, / sein Ebenbild, den Sohn, verstehn / und dir vertraun, der uns durchdringt / und uns das Leben Gottes bringt.
7. Den Vater auf dem ewgen Thron, und seinen auferstandnen Sohn, / dich, Odem Gottes, Heilger Geist, / auf ewig Erd und Himmel preist. / Amen.

T: „Veni Creator Spiritus“, Übertragung Friedrich Dörr 1969
M: Kempten um 1000 / Wittenberg 1524 / Mainz 1947

Kościół modli się do Ducha Świętego:

2. Tyś jest Pocieszyciel boski, – Dar niebieski, pokrzepienie, –
Źródło życia, żar miłości – I duchowne namaszczenie.
3. Tyś jest w darach siedmioraki, – Palcem ojcowskiej prawicy; –
Uczysz mowy wielorakiej – Wedle Ojca obietnicy.
4. Nieć w umysłach światło Twoje, – W sercach rozlej miłość czystą; –
Słabe naszych ciał ostoje – Pokrzep mocą wiekuistą.
5. Wroga od nas pędź daleko, – Przyśpiesz dar pokoju Twego; –
Pod Twą wodzą i opieką, – Niech unikniem wszego złego.
6. Niech przez Ciebie Ojca znamy, – Poznajemy Syna Jego, –
Niech też zawsze wyznawamy – Ciebie, Ducha Im wspólnego.
7. Chwała Ojcu i Synowi, – Który z martwych żywy wstaje, –
I Świętemu też Duchowi – Niech na wieki nie ustaje. Amen.

wg hymnu kościelnego „Veni Creator"

DER DREIFALTIGE GOTT

Wir können Gott nicht begreifen, er ist für uns ein Geheimnis. Aber durch Jesus Christus wissen wir: Gott ist

- der Vater, der uns liebt,
- der Sohn, der für uns Mensch geworden ist und für uns gelitten hat,
- der Heilige Geist, den der Vater und der Sohn uns senden, damit wir glauben, hoffen und lieben können.

Wir nennen Gott den Dreifaltigen. Wir bekennen den einen Gott in drei Personen: den Vater, den Sohn und den Heiligen Geist. Wir beten zu Gott, der heiligsten Dreifaltigkeit.

Das kürzeste Glaubensbekenntnis sind die Worte, die wir beim Kreuzzeichen sprechen:

Im Namen des Vaters und des Sohnes und des Heiligen Geistes.

Ehre sei dem Vater und dem Sohn und dem Heiligen Geist, wie im Anfang, so auch jetzt und alle Zeit und in Ewigkeit. Amen.

BÓG W TRÓJCY JEDYNY

Boga pojąć nie możemy; jest On tajemnicą.
Dzięki Jezusowi Chrystusowi wiemy, że Bóg jest:
- Ojcem, który nas kocha;
- Synem, który stał się dla nas człowiekiem i za nas cierpiał;
- Duchem Świętym, zesłanym przez Ojca i Syna, abyśmy umieli wierzyć, ufać i kochać.

Nazywamy Boga w Trójcy jedynym. Wyznajemy jednego Boga w trzech osobach: Ojca, Syna i Ducha Świętego. Modlimy się do Boga – Trójcy Przenajświętszej.

Najkrótszym wyznaniem wiary są słowa, które wymawiamy czyniąc znak krzyża:

W imię Ojca i Syna i Ducha Świętego.

Chwała Ojcu i Synowi i Duchowi Świętemu,
jak była na początku, teraz i zawsze,
i na wieki wieków. Amen.

Kirche – das ist nicht nur der Pfarrer und die Gemeinde, die ich zufällig kenne oder zu der ich gehöre.
Kirche – das ist nicht nur das Bistum oder die Diözese, in der ich lebe und die mein Bischof als Nachfolger der Apostel leitet.
Kirche – das ist nicht nur die sichtbare Weltkirche, die in allen Kontinenten den Glauben verkündet und den Menschen Sinn und Ziel für ihr Leben bringt – oft unter schweren Verfolgungen, um der Gerechtigkeit und der Freiheit willen.

Was ist die Kirche?

Die Kirche ist ein Glaubensgeheimnis.
Sie ist das *Volk Gottes,* das der Herr sammelt und heimführt. Sie ist der geheimnisvolle *Leib Christi,* der aus vielen Gliedern besteht und der durchseelt ist vom Geist des Hauptes, Christus selber.
Sie ist ein Bauwerk Gottes, des Heiligen Geistes.
Aber die Kirche besteht aus Menschen mit ihren Fehlern, Schwächen und Sünden. Darum ist die Kirche immer auch erneuerungsbedürftig – wie jeder einzelne Christ. Die Ärgernisse, die im Lauf der Geschichte von Menschen der Kirche begangen worden sind, verdunkeln für viele die Frohe Botschaft. Aber der Geist der Wahrheit und der Liebe erweckt inmitten der Kirche – und an ihren Grenzen – auch immer wieder Menschen von großer Heiligkeit und Überzeugungskraft, von mitreißender Barmherzigkeit und Güte. Sie leben überzeugend aus der Kraft des Evangeliums und aus der Gnade der heiligen Sakramente der Kirche.
So ist die Gemeinschaft der Christen auch immer wieder ein Ort, wo sich die Barmherzigkeit Gottes in besonderer Weise ereignet.

Kościół to nie tylko ksiądz i parafia, którą przypadkiem znam, czy do której należę.
Kościół to nie tylko diecezja, w której żyję i którą mój biskup jako następca apostołów kieruje.
To nie tylko Kościół światowy, misjonujący na wszystkich kontynentach, ukazujący ludziom sens i cel życia, występujący w obronie sprawiedliwości i wolności, często wśród ciężkich prześladowań.

Czym więc jest Kościół?

Kościół jest tajemnicą wiary;
Ludem Bożym, który Pan gromadzi i prowadzi ku niebu;
Mistycznym ciałem Chrystusa, składającym się z wielu członków, ożywionych Duchem Chrystusa, który jest ich głową;
Budowlą Bożą.
Kościół składa się jednak ze słabych, błądzących, grzesznych ludzi. Dlatego wymaga on, jak i każdy poszczególny chrześcijanin, ciągłej odnowy. Zgorszenia, wywoływane w ciągu wieków przez członków Kościoła, zaciemniają wielu ludziom Dobrą Nowinę. Duch prawdy i miłości powołuje jednak wewnątrz Kościoła wciąż na nowo ludzi o wielkiej świętości i sile przekonywania, porywającym miłosierdziu i dobroci. Ludzie ci żyją wiarogodnie według Ewangelii, czerpiąc siłę ku temu z łaski, płynącej ze świętych sakramentów Kościoła.
W ten sposób staje się wspólnota chrześcijańska wciąż na nowo miejscem, w którym w szczególny sposób działa miłosierdzie Boże.

Nach dem Willen und Auftrag Christi soll die Kirche *einig* sein – eins im Glauben, in der Liebe, in der sichtbaren Einheit vor den Menschen.
Ein Zeichen der Einheit in der Kirche ist der *Papst* als Nachfolger des heiligen Petrus und das mit ihm vereinte Kollegium der Bischöfe in aller Welt. Diese bilden das Lehramt der Kirche, das untrüglich (unfehlbar) festhält, erklärt und verkündet, was Gott geoffenbart hat. Diese „Unfehlbarkeit" der Kirche verwirklicht sich in den ausdrücklichen Lehren über Fragen des Glaubens und der Sitte („Dogmen"), wie sie ein Konzil mit dem Papst oder auch der Papst allein verkünden kann.
Menschliche Schwachheit hat die Christen entzweit – die Gnade Gottes allein kann sie wieder vereinen. Darum müht sich *die ökumenische Bewegung* in aufrichtiger Bekehrung des Herzens, in Gebet, Begegnung und Gespräch.
Jeder Christ muß in seinem Herzen ökumenisch gesinnt sein.

Herr, laß alle eins sein, damit die Welt glaube.

Von ihrem Herrn her und durch den Heiligen Geist, der in ihr wirkt, ist die Kirche *heilig*.
Die Kirche ist *katholisch* – das heißt allumfassend; offen für die Menschen aller Rassen und Sprachen; die ganze Wahrheit umfassend, die uns Gott in seiner Offenbarung anvertraut hat. Diese Kirche Christi ist in der römisch-katholischen Kirche Wirklichkeit, und alle Christen aller verschiedenen Konfessionen sind auf die Einheit mit ihr ausgerichtet.
Die Kirche ist *apostolisch* – das heißt treu der Lehre der Apostel, und geleitet von den Nachfolgern der Apostel. Diese haben ihr Amt und ihre Sendung durch die Weihe weitergegeben an das Bischofskollegium unter der Leitung des Nachfolgers des heiligen Petrus, des Papstes.

Die Kirche ist die *Gemeinschaft der Heiligen*, das heißt der von Gottes Gnade Geheiligten; aber auch die Gemeinschaft „im Heiligen", in den Gaben des göttlichen Wortes und der Sakramente, die uns allen geschenkt sind.
Die *Vergebung der Sünden* wird uns in der Taufe geschenkt, aber auch durch Umkehr, gute Werke und vor allem im Bußsakrament.

Zgodnie z wolą Chrystusa Kościół ma być *jeden* jednością wiary i miłości i jako taki się ludziom prezentować.
Znakiem jedności w Kościele jest *papież* jako następca św. Piotra i pozostające w jedności z nim kolegium biskupów całego świata. Razem tworzą oni Urząd Nauczycielski Kościoła, który nieomylnie zachowuje, wyjaśnia i obwieszcza Objawienie Boże. Ta nieomylność Kościoła dotyczy prawd wiary i moralności (dogmaty), ogłaszanych jako takie przez sobór powszechny wraz z papieżem albo przez samego papieża.
Ludzka słabość rozdzieliła chrześcijan; łaska Boża może ich na nowo zjednoczyć. Zabiega o to *ruch ekumeniczny* przez szczere nawrócenie serc, modlitwę, spotkania i rozmowy.
Każdy chrześcijanin powinien być nastawiony ekumenicznie.

Panie, niech stanowią jedno, aby świat uwierzył!

Kościół jest *święty* świętością Chrystusa i Ducha Świętego, który w nim działa.
Kościół jest *katolicki,* to znaczy powszechny – otwarty dla ludzi wszystkich ras i języków; posiadający całą prawdę, którą ludziom Bóg objawił.
Kościół jest *apostolski,* to znaczy wierny nauce apostołów i prowadzony przez ich następców – biskupów pod przewodem następcy św. Piotra – papieża.

Kościół jest *świętych obcowaniem* – wspólnotą świętych, to znaczy uświęconych łaską Bożą. Jest on również wspólnotą świętości – w darach Boskiego słowa i sakramentów, które przeznaczone są dla wszystkich.
Grzechów odpuszczenie otrzymujemy przez chrzest święty, ale i przez nawrócenie, dobre uczynki, a przede wszystkim przez spowiedź – sakrament pokuty.

ICH GLAUBE AN DIE AUFERSTEHUNG DER TOTEN UND DAS EWIGE LEBEN

Ist mit dem Tod alles aus? Darauf läßt sich mit guten Gründen ja und nein sagen.
Ja – mit dem Tod ist alles aus, was unser heutiges Leben ausmacht und füllt: Arbeit und Beruf, Sorgen und Freuden, Liebe und Haß, Reichtum und Not. Wir werden alles verlieren, was wir besitzen – nichts nehmen wir mit.
Nein – der christliche Glaube schenkt Hoffnung über den Tod hinaus. Wir werden zwar alles aufgeben, aber das Leben mit Christus neu gewinnen. Denn die Treue Gottes läßt uns nicht fallen. Gott hat ein für allemal zu uns ja gesagt. Wir werden zum Leben auferstehen in der Gleichgestaltung mit dem auferstandenen Christus.
Das bekennt der christliche Glaube. Er übersteigt die menschliche Vorstellungskraft.

> „Kein Auge hat es gesehen und kein Ohr hat es gehört und in keines Menschen Herz ist es gedrungen, was Gott denen bereitet hat, die ihn lieben."

1 Kor 2,9

Seit alters gab es die Hoffnung auf ein Weiterleben der Seele, eine Heimkehr des Geistes in ein lichtes Reich, dem sie eigentlich zugehört. Aber das waren religiöse und philosophische Meinungen, die sich nicht auf unsere hiesige Erfahrung stützen konnten – außer vielleicht auf abergläubisch oder parapsychologisch gedeutete, oft angsterregende Fakten.
Von all dem ist der Realismus der Bibel weit entfernt. Erst spät bricht in ihr das Bewußtsein durch, daß die Treue Gottes nicht Halt macht an der im Erdenleben erfahrenen endgültigen Grenze des Todes; daß die Toten nicht Schatten in der Unterwelt sind; daß wir nicht nur „zu unseren Vätern versammelt werden", sondern in die Gemeinschaft mit dem lebendigen Gott kommen dürfen.
„Im Hause meines Vaters sind viele Wohnungen", hat Christus gesagt, Joh 14.2.
Der christliche Glaube hält daran fest, daß wir nach unserem Tod im Licht des lebendigen Gottes uns selbst erkennen werden. Wir werden sein *Urteil* über unser Leben hören und hoffen, daß unser Glaube dann übergehen wird ins Schauen der göttlichen Herrlichkeit, die Hoffnung in den Besitz der verheißenen Güter, die Liebe in die bleibende Geborgenheit bei Gott.

WIERZĘ W CIAŁA ZMARTWYCHWSTANIE I ŻYWOT WIECZNY

Czy ze śmiercią wszystko się kończy? Na to pytanie można równie dobrze odpowiedzieć „tak", jak i „nie".
Tak – ze śmiercią kończy się wszystko, co nasze życie stanowi i wypełnia: praca i zawód, troski i radości, miłość i nienawiść, bogactwo i nędza. Stracimy wszystko, co posiadamy; niczego nie zabierzemy ze sobą.
Nie – wiara chrześcijańska obdarza nas nadzieją silniejszą od śmierci. Straciwszy wszystko, otrzymamy nowe życie w Chrystusie. Wierność Boga, który raz na zawsze nas zaakceptował, nie pozwoli nam zginąć. Zmartwychwstaniemy do życia wraz ze zmartwychwstałym Chrystusem.
Oto treść wiary chrześcijańskiej, która przekracza ludzkie wyobrażenie.

> Ani oko nie widziało, ani ucho nie słyszało, ani serce człowieka niezdolne jest pojąć, jak wielkie rzeczy przygotował Bóg tym, którzy Go miłują.

1 Kor 2,9

Odwieczna jest nadzieja ludzi na życie duszy po śmierci, na powrót ducha do królestwa światła, które jest jego ojczyzną. Jej źródłem były poglądy religijne i filozoficzne, pojęcia oparte na zabobonie, parapsychologii, a często i strachu. Nie mogą się one równać z naszymi doświadczeniami.
Całkowicie różny od nich jest realizm Pisma Świętego z jego co prawda późno powstałą świadomością, że:
wierności Boga niezdolne są powstrzymać, uchodzące na podstawie ludzkiego doświadczenia za ostateczne, granice śmierci;
zmarli nie wegetują jako cienie w świecie podziemnym;
powrócimy nie tylko do naszych przodków, lecz będzie nam wolno wejść do wspólnoty z Bogiem żyjącym.
Chrystus powiedział: *„W domu mojego Ojca jest mieszkań wiele"*
J 14,2
Wiara chrześcijańska utrzymuje niezachwianie, że po śmierci w świetle Boga żywego, sami poznamy, jakimi naprawdę jesteśmy i usłyszymy Jego wyrok o naszym życiu. Ufamy, że wtedy wiara nasza przejdzie w oglądanie Bożej wspaniałości, nadzieja – w posiadanie przyrzeczonych dóbr, a miłość – w trwałe, bezpieczne bytowanie w Bogu.

Der christliche Glaube hofft auch darauf, daß uns nach dem Tod noch ein letztes Reifwerden für die ewige Gemeinschaft mit Gott gewährt werden wird. Darum reden wir von einem Läuterungszustand, einem Purgatorium oder, wie die mißverständliche Redeweise besagt, vom *Fegfeuer* der Armen Seelen. Die sog. Armen Seelen sind aber nicht Verdammte auf Zeit, sondern schon Erlöste im Zustand der Läuterung.
Der christliche Glaube richtet – nicht nur an Allerheiligen – immer wieder freudig bewegt den Blick auf die Schar der vollendeten und in der Gemeinschaft bei Gott ans Ziel gelangten Menschen – die „Wolke der Zeugen", die „Freunde Gottes", die erlöste Schar der „triumphierenden Kirche" in der Herrlichkeit des *Himmels*. In ihrer Gemeinschaft soll einmal unsere Heimat sein bei Gott.
Dabei bleibt unseren irdischen Augen verborgen, wie die *Vollendung* aller Menschen mit Leib und Seele am Ende der Tage sich vollziehen und aussehen wird. Wir wissen: wir werden beim Herrn sein; und wir werden ihm gleichgestaltet sein – und alles wird gut sein. Was bleibt, wird nicht die Trauer und die Vergänglichkeit sein, sondern die Freude und die ewige Seligkeit.
Niemandem aber wünscht der Glaube der Christen, daß er dieses Ziel seines Lebens nicht erreicht, sondern aus der Sünde und der Verhärtung im Bösen abstürzt ins ewige Dunkel des Fernseins von Gott. Denn ohne die Liebe Gottes doch dasein müssen, das wäre die Hölle. Dies kann sich der Mensch nur bereiten, wenn er sich für immer der Gnade Gottes verweigert.

Die Kirche betet im römischen Kanon der heiligen Messe:

> Nimm gnädig an, o Gott, diese Gaben deiner Diener und deiner ganzen Gemeinde; ordne unsere Tage in deinem Frieden, rette uns vor dem ewigen Verderben und nimm uns auf in die Schar deiner Erwählten.

Wiara chrześcijańska pozwala nam ufać, że udzielona zostanie nam łaska pośmiertnego dojrzewania do wiecznej wspólnoty z Bogiem. Mamy tu na myśli stan oczyszczenia – stąd nazwa *czyściec,* który w powszechnym, aczkolwiek nietrafnym pojęciu związany jest z ogniem, trawiącym dusze grzeszników po śmierci. Te tak zwane „biedne dusze czyśćcowe" nie są jednak jakimiś tymczasowymi potępieńcami, lecz już zbawionymi, poddanymi jeszcze procesowi oczyszczania. Nasza wiara pozwala nam wciąż na nowo – nie tylko na Wszystkich Świętych – kierować radosne, wzruszone spojrzenie na rzesze zbawionych, którzy są już u celu, zjednoczeni z Bogiem jako Jego przyjaciele – Kościół triumfujący w *chwale niebios.* W ich wspólnocie znajdziemy kiedyś ojczyznę u Boga. Sposób, w jaki dokona się *zbawienie* człowieka z duszą i ciałem w dniu ostatecznym, zakryty jest przed naszymi oczami. Wiemy jednak, że znajdziemy się u Pana, Jemu podobni, i że wszystko będzie dobrze. Nie będzie już smutku i przemijania, lecz radość i wieczna szczęśliwość.
Nie życzymy nikomu, by się z tym celem swego życia rozminął, i z powodu grzechu i zatwardziałości w złem, upadł w wieczną ciemność rozłąki z Bogiem. Bytowanie bez miłości Bożej byłoby piekłem. Kto się jednak ustawicznie przed łaską Bożą zamyka, sam je sobie przygotowuje.

Kościół modli się w rzymskim kanonie Mszy świętej (pierwsza modlitwa eucharystyczna):

> Prosimy Cię, Boże, przyjmij łaskawie tę ofiarę od nas, sług Twoich i całego ludu Twego. Napełnij życie nasze swoim pokojem, zachowaj nas od potępienia wiecznego i dołącz do grona swoich wybranych.

III. Wie leben wir als Christen in der Kirche?

III. Jak żyjemy jako chrześcijanie w Kościele?

Herr, du bekennst dich zu deiner Kirche, obwohl sie aus Menschen besteht wie ich und viele andere, die auch nicht besser sind als ich. Ich danke dir. Darum kann auch ich mich zu deiner und meiner Kirche bekennen.

Panie, Ty przyznajesz się do swego Kościoła, aczkolwiek składa się on z ludzi jak ja i wielu innych, którzy także nie są ode mnie lepsi. Dziękuję Ci za to! Dlatego mogę się i ja przyznać do Twojego – mojego Kościoła.

HERZLICH WILLKOMMEN
HEILIGER VATER
OMEGA electronic

ZEICHEN UNTER DEN VÖLKERN

Menschen bilden vielerlei Gemeinschaften – z. B. um miteinander Sport zu treiben, Schach zu spielen, Geschäfte zu fördern und Handel zu treiben. Ist die Kirche auch eine Gemeinschaft dieser Art? Ist sie ein caritativer Wohltätigkeitsverein oder ein Dienstleistungsbetrieb für feierliche Taufen, Hochzeiten und Begräbnisse?

Die Kirche ist eine Gemeinschaft des Glaubens, der Hoffnung und der Liebe. Sie ist dazu da, die Menschen zum Heil zu führen. Diese sollen durch die Kirche und in der Kirche erkennen, welchen Sinn Gott ihrem Leben gegeben hat. Sie sollen darauf vertrauen, daß er selbst ihnen hilft, den Sinn ihres Lebens zu verwirklichen. Sie sollen erfahren, daß Gott sie liebt, und diese Liebe erwidern. So können sie auch lernen, sich untereinander als Brüder und Schwestern anzunehmen.

Aber wie kommt die Kirche als die Gemeinschaft der Gläubigen dazu, all das leisten zu wollen? Denn kein privater Zusammenschluß von Menschen kann sich das im Ernst vornehmen – er wird es nicht können. Nur wenn Gott selbst Menschen zusammenruft und mit seiner Botschaft zu andern sendet, kann Kirche entstehen.

Ohne Christus gäbe es keine Kirche. Sie hat ihren Ursprung in ihm. Von Gott gesandt, war er Zeichen und Werkzeug für die Liebe Gottes zu den Menschen. Die Kirche setzt diese Sendung fort.

Jesus sammelte Jünger um sich und berief sie zu seinen Mitarbeitern. Zwölf von ihnen gab er besondere Aufträge und Vollmachten. Er bestimmte sie zu Aposteln. Sie sollten den Menschen die Frohe Botschaft verkünden.

Aus der Schar der Apostel bestimmte Jesus den Simon zum Oberhaupt der Kirche. Er gab ihm den Namen Petrus, der Fels.

Das II. Vatikanische Konzil sagt:

Christus ist das Licht der Völker. Die Kirche aber ist in Christus das Sakrament, d. h. Zeichen und Werkzeug für die innigste Vereinigung mit Gott wie für die Einheit der ganzen Menschheit.

Um dieses Zeichen und Werkzeug sein zu können, sind der Kirche die vier Eigenschaften mitgegeben, die im großen (Nizänischen) Glaubensbekenntnis genannt werden:

Die Kirche ist einig, heilig, katholisch und apostolisch.

Christ ist man nie bloß als einzelner. Immer waren Christen eine Gemeinschaft, ein „Volk Gottes“. In ihrer Mitte gab und gibt es Gute und Böse, Zweifelnde und Überzeugte, Heilige und Sünder. Das Wort „Kirche“ kommt von Kyriake, d. h. dem Herrn zu eigen. Von Christus her ist die Kirche heilig: von den Menschen her ist sie mit Schwächen behaftet und erneuerungsbedürftig.

Ludzie tworzą wiele wspólnot, żeby na przykład: uprawiać sport, grać w szachy, załatwiać interesy, czy uprawiać handel. Czy także Kościół jest wspólnotą tego rodzaju? Czy jest on tylko organizacją charytatywną albo instytucją oferującą uroczyste chrzty, śluby lub pogrzeby?
Kościół jest wspólnotą wiary, nadziei i miłości, która prowadzi ludzi do zbawienia. Przez Kościół i w Kościele ludzie mają poznać ukazany im przez Boga sens życia i zaufać, że Bóg sam im pomoże go zrealizować; mają doświadczyć Bożej miłości i na nią własną miłością odpowiedzieć. W ten sposób mogą się też uczyć akceptowania wszystkich ludzi jako braci i siostry.
W jaki sposób chce Kościół jako wspólnota wiernych tego wszystkiego dokonać? Żaden prywatny związek ludzi, choćby chciał, nie jest do tego zdolny. Ale Kościół nie jest takim związkiem, bo powstaje tylko wtedy, gdy Bóg sam gromadzi ludzi i posyła do innych ze swoim objawieniem. Nie byłoby Kościoła bez Chrystusa, który jest jego założycielem. Zesłany przez Ojca, był On znakiem i narzędziem miłości Boga do ludzi. Kościół kontynuuje Jego posłannictwo.

Jezus zebrał wokół siebie uczniów i powołał ich na swych współpracowników. Dwunastu spośród nich obdarzył specjalnymi zadaniami i pełnomocnictwami. Jako apostołowie mieli ludziom przepowiadać Dobrą Nowinę.

Z grona apostołów wyznaczył Jezus Szymona na głowę Kościoła. Nadał mu przy tym nowe imię Piotr – opoka.

Sobór Watykański II uczy:

Chrystus jest światłością ludów. W Nim jest Kościół sakramentem, to znaczy znakiem i narzędziem, służącym do najintymniejszego zjednoczenia ludzi z Bogiem, oraz między sobą.

Jako znak i narzędzie Boga charakteryzuje się Kościół czterema właściwościami, które wymienia Wielkie (nicejskie) wyznanie wiary:

Kościół jest jeden, święty, powszechny i apostolski.

Chrześcijaninem nie jest się w pojedynkę. Chrześcijanie byli zawsze wspólnotą, ludem Bożym. Pośród nich istnieli i istnieją dobrzy i źli, wątpiący i mocni w wierze, święci i grzesznicy. Samo słowo „Kościół" pochodzi od greckiego *kyriake,* co oznacza: „należący do Pana" – „Pański". Jako Chrystusowy, jest Kościół święty; jako ludzki – naznaczony słabością i stale wymagający odnowienia.

Die Kirche ist eine weltweite Organisation und Institution und zugleich mehr: ein Geheimnis. Die Gemeinschaft der Christen in der Kirche umspannt die Jahrhunderte und greift zugleich über den Tod hinaus in die bleibende Gemeinschaft mit Gott ins ewige Leben.

Dieses Geheimnis der Kirche bekennen wir, wenn wir im Apostolischen Glaubensbekenntnis sagen:

Ich glaube an die heilige katholische Kirche, Gemeinschaft der Heiligen.

❃

Nach seiner Kreuzigung und Auferstehung erschien Jesus den mutlos gewordenen Aposteln und gab ihnen seinen Geist und seine Sendung.

Im Johannesevangelium sagt Jesus:

> Friede sei mit euch! Wie mich der Vater gesandt hat, so sende ich euch! Nachdem er das gesagt hatte, hauchte er sie an und sprach zu ihnen: Empfangt den Heiligen Geist!

Joh 20,20–22

Jesus erfüllt seine Jünger mit dem Heiligen Geist. Am Pfingsttag kam dieser in sichtbaren Zeichen auf sie herab. Sie blieben beisammen und feierten gemeinsam Gottesdienst. Sie beteten miteinander und verkündeten den Menschen das Leben und Wirken Christi. Sie sorgten füreinander. Sie waren überzeugt:

Jesus Christus ist bei uns. Der Heilige Geist ist in uns lebendig.

Die Kirche ist überall da lebendig,

- wo das Evangelium verkündet wird,
- wo in den Sakramenten Jesus Christus zu den Menschen kommt,
- wo die Menschen in Liebe miteinander leben.

Die Kirche ist die Gemeinschaft, in der Jesus Christus zugegen ist und in der sein Geist weiterlebt. Jesus Christus leitet die Kirche durch die Nachfolger der Apostel, die Bischöfe. An ihrer Spitze steht der Nachfolger des heiligen Petrus, der Papst.

Jesus sagte:

> Nicht ihr habt mich erwählt, sondern ich habe euch erwählt, und ich habe euch dazu bestimmt, daß ihr hingeht und Frucht bringt und daß eure Frucht bleibt.

Joh 15,16

> Ihr werdet meine Zeugen sein in Jerusalem und in ganz Judäa und Samarien und bis an die Grenzen der Erde.

Apg 1,8

Kościół jest światową organizacją i instytucją, a zarazem czymś więcej – tajemnicą. Wspólnota chrześcijan w Kościele obejmuje stulecia i sięga poza granicę śmierci, po zjednoczenie z Bogiem w życiu wiecznym.

Tę tajemnicę Kościoła mamy na myśli, kiedy w Składzie Apostolskim wyznajemy:
Wierzę w święty Kościół powszechny, świętych obcowanie.

Po ukrzyżowaniu i zmartwychwstaniu ukazał się Jezus zrezygnowanym apostołom, udzielając im swego Ducha i posłannictwa.

Według Ewangelii św. Jana powiedział przy tym:

> Pokój wam! Jako mnie posłał Ojciec, tak i ja was posyłam!
> Po tych słowach tchnął na nich i powiedział:
> Weźmijcie Ducha Świętego!

J 20,20–22

Jezus napełnił swych uczniów Duchem Świętym. Zstąpił On na nich w widzialny sposób w Zielone Świątki. Dlatego pozostali razem, wspólnie sprawowali służbę Bożą i się modlili, mówili ludziom o życiu i działalności Jezusa i troszczyli się jeden o drugiego. Apostołowie byli przekonani:

Jezus Chrystus jest wśród nas. Duch Święty żyje w nas.

Kościół jest żywotny wszędzie tam, gdzie:
- głoszona jest Ewangelia;
- Jezus Chrystus przychodzi do ludzi w sakramentach;
- ludzie żyją w miłości.

Kościół jest wspólnotą, w której obecny jest Jezus i w której żyje Duch Święty. Jezus Chrystus kieruje Kościołem przez następców apostołów – biskupów. Na ich czele stoi następca świętego Piotra – papież.

Jezus mówi:

> Nie wyście mnie wybrali, lecz ja was wybrałem i przeznaczyłem, abyście szli i przynosili owoc, i aby owoc wasz trwał.

J 15,16

> Będziecie mi świadkami w Jerozolimie i w całej Judei, w Samarii i aż po krańce ziemi.

Dz 1,8

UNSER BILD VON DER KIRCHE

Welches Bild von ihr habe ich?

Welches Bild jeder einzelne von der Kirche hat, hängt davon ab, welchen Christen er begegnet ist, welche Gemeinde er besonders kennt, wie dort Gottesdienst gefeiert und gepredigt wird, welche guten und unguten Erfahrungen er mit Menschen der Kirche gemacht hat. Das Bild, das wir uns – von unseren Erfahrungen her – von der Kirche machen, ist immer ungenügend. Was sie ist, kann man nur hinreichend erkennen, wenn man sich auf Christus und seine Botschaft einläßt. Die Bibel spricht es in vielen Bildern (Bildworten) aus.
Eines der wichtigsten biblischen Bildworte für die Kirche ist: *Volk Gottes*. Sie ist das neue Israel. In die Kirche wird man durch die Taufe aufgenommen. Wie das alte Israel seinen Kindern Anteil gab an der Erfahrung, die die Väter im Glauben mit Gott gemacht haben, so tut es auch das neue Gottesvolk. In ihm sind wir hineingenommen in die Geschichte Gottes mit den Menschen, unterwegs in der Hoffnung auf die Vollendung im Reich Gottes.

> Ihr aber seid ein auserwähltes Geschlecht, eine königliche Priesterschaft, ein heiliger Stamm, ein Volk, das sein besonderes Eigentum wurde, damit ihr die großen Taten dessen verkündet, der euch aus der Finsternis in sein wunderbares Licht gerufen hat. Einst wart ihr nicht sein Volk, jetzt aber seid ihr Gottes Volk; einst gab es für euch kein Erbarmen, jetzt aber habt ihr Erbarmen gefunden.

1 Petr 2,9–10

Der heilige Paulus nennt die Kirche *Leib Christi* (z. B. 1 Kor 12). Christus ist das Haupt der Kirche; sie ist sein Leib; wir sind die Glieder, die von Gottes Geist beseelt, durch die Zugehörigkeit zu Christus, dem Haupt, das Leben haben. Weil nicht der menschliche Leib Jesu von Nazaret gemeint ist, sondern die Kirche in ihrem Mysterium (Lebensgeheimnis), redet man vom mystischen Leib Christi. (1 Kor 10,17)

> Denn wie der Leib eine Einheit ist, doch viele Glieder hat, alle Glieder des Leibes aber, obgleich es viele sind, einen einzigen Leib bilden: so ist es auch mit Christus. Durch den einen Geist wurden wir in der Taufe alle in einen einzigen Leib aufgenommen, Juden und Griechen, Sklaven und Freie; und alle wurden wir mit dem einen Geist getränkt. So besteht auch der Leib nicht nur aus einem Glied, sondern aus vielen Gliedern.

1 Kor 12,12–14

NASZE WYOBRAŻENIA O KOŚCIELE

Jak widzę Kościół?

Obraz Kościoła, który każdy z nas posiada, zależy od chrześcijan, których spotkaliśmy, od sposobu odprawiania nabożeństw i głoszenia kazań w naszej parafii, od dobrych czy złych doświadczeń, poczynionych z przedstawicielami Kościoła. Taki obraz jest zawsze niepełny. Czym jest Kościół w istocie, doświadczy w pełni tylko ten, kto całkowicie się zda na Chrystusa i Jego Ewangelię. Pismo Święte mówi o tym w wielu obrazowych przedstawieniach. Jednym z najważniejszych jest biblijne przedstawienie Kościoła jako *ludu Bożego,* czy też nowego Izraela. Przyjęcie do Kościoła dokonuje się przez chrzest święty. Jak Izrael Starego Przymierza przekazywał swoim dzieciom religijne doświadczenia przodków, tak czyni to i nowy lud Boży. Przez niego wpisani zostaliśmy w historię Boga z ludźmi. W nim kroczymy pełni nadziei ku wiecznemu zbawieniu w królestwie Bożym.

> Wy zaś jesteście wybranym plemieniem, królewskim kapłaństwem, ludem świętym, narodem na własność przeznaczonym, abyście głosili wielkie dzieła Tego, który was wezwał z ciemności do swego przedziwnego światła. Kiedy byliście nie-ludem, teraz jesteście ludem Bożym; kiedyś nie było dla was miłosierdzia, teraz zaś go dostąpiliście.

1 P 2,9–10

Święty Paweł nazywa Kościół *ciałem Chrystusa* (por. 1 Kor 12). Chrystus jest głową Kościoła, On jest Jego ciałem, my zaś członkami, które żyją dzięki przynależności do Chrystusa w Duchu Świętym. Ponieważ nie idzie tu o ludzkie ciało Jezusa z Nazaretu, lecz o Kościół w jego najgłębszej tajemnicy, mówimy o Kościele jako mistycznym ciele Chrystusa (por. 1 Kor 10,17).

> Podobnie jak jedno jest ciało, choć składa się z wielu członków, a wszystkie, aczkolwiek tak liczne, jedno stanowią ciało, tak też jest i z Chrystusem. Wszyscyśmy bowiem w jednym Duchu zostali ochrzczeni, aby stanowić jedno ciało: Żydzi i Grecy, niewolnicy i wolni. Wszyscyśmy też zostali napojeni jednym Duchem. Ciało bowiem to nie jeden członek, lecz liczne członki.

1 Kor 12,12–14

Wenn ein Glied leidet, leiden alle Glieder mit; wenn ein Glied geehrt wird, freuen sich alle anderen mit ihm. Ihr aber seid der Leib Christi, und jeder einzelne ist ein Glied an ihm.

1 Kor 12,26–27

Ist das Brot, das wir brechen, nicht Teilhabe am Leib Christi? Ein Brot ist es. Darum sind wir viele ein Leib; denn wir alle haben Teil an dem einen Brot.

1 Kor 10,16–17

Die Braut des Lammes wird die Kirche genannt (Offb 19,7; Eph 5,26), die dem Bräutigam und dem himmlischen Hochzeitsmahl entgegengeht. Dieses und andere biblische Bilder greift das Kirchenlied auf:

Wachet auf, ruft uns die Stimme der Wächter sehr hoch auf der Zinne,
„wach auf, du Stadt Jerusalem!“ Mitternacht heißt diese Stunde;
sie rufen uns mit hellem Munde: „Wo seid ihr klugen Jungfrauen?
Wohlauf, der Bräutigam kommt; steht auf, die Lampen nehmt.
Halleluja.
Macht euch bereit zu der Hochzeit, ihr müsset ihm entgegengehn.“

Aus dem Gotteslob

Die im Lied genannte Stadt Jerusalem ist wiederum die Kirche, die ihrer Hochzeit entgegengeht, wenn der Bräutigam kommt und das Reich Gottes anbricht.
Andere Bildworte in der Heiligen Schrift reden von der Kirche als der Herde, die Christus als guter Hirt leitet; vom Acker und Weinberg Gottes, vom Gottesbau oder Tempel.

Mutter wird die Kirche genannt, weil sie uns durch die Taufe das neue Leben mit Gott schenkt

(Gal 4,26)

Die Kirche ist die Mutter, die uns glauben, hoffen und lieben lehrt.

„Auf ihrem Schoß habe ich alles gelernt.“

(Paul Claudel)

„Der kann Gott nicht zum Vater haben, der die Kirche nicht zur Mutter hat.“

(Heiliger Märtyrerbischof Cyprian)

Gdy cierpi jeden członek, współcierpią wszystkie inne; podobnie gdy jednemu członkowi okazywane jest poszanowanie, współradują się wszystkie członki.

1 Kor 12,26–27

Czyż chleb, który łamiemy, nie jest udziałem w Ciele Chrystusa? Ponieważ jeden jest chleb, przeto my liczni, tworzymy jedno ciało. Wszyscy bowiem bierzemy z tego samego chleba.

1 Kor 10,16–17

Pismo Święte nazywa też Kościół *Oblubienicą Baranka* (por. Ap 19,7; Ef 5,26), która śpieszy na spotkanie swego Oblubieńca ku niebieskim godom weselnym. Do tego i innych obrazów biblijnych nawiązuje niemiecka (nie mająca odpowiednika w języku polskim) pieśń adwentowa:

Przebudźcie się, wzywa nas głos strażników z wysokich murów;
Przebudź się, Jerozolimo! O północy wołają do nas pełną piersią: Gdzie jesteście panny mądre? Powstańcie ze snu, pochwyćcie lampy, bo nadchodzi Oblubieniec!
Alleluja!
Przygotowane na gody, musicie Mu wybiec na spotkanie.

Gotteslob 110

Wymieniona w tej pieśni Jerozolima oznacza Kościół – Oblubienicę Chrystusa, przygotowaną na gody, kiedy przyjdzie Oblubieniec i nastąpi królestwo Boże.
Inne obrazy biblijne przedstawiają Kościół jako:
trzodę, prowadzoną przez Chrystusa, dobrego pasterza;
rolę i winnicę Bożą; Bożą budowlę i świątynię.

Nazywamy ten Kościół matką, bo nas przez chrzest obdarza nowym życiem w Bogu i uczy wierzyć, ufać i kochać.

Gal 4,26

Na łonie Kościoła nauczyłem się wszystkiego.

Paul Claudel

Nie może mieć Boga za Ojca, kto nie czci Kościoła jako matki.

Św. Cyprian, biskup i męczennik

SAKRAMENTE

Ein Händedruck, eine Umarmung können Zeichen einer Zuneigung sein, die keiner Worte mehr bedarf. Ein herrlicher Sonnenuntergang kann uns ergreifen und zum Symbol für die Herrlichkeit der ganzen Schöpfung werden. Es gibt viele Zeichen und Symbole dieser Art, manche sind mehrdeutig oder brauchen zu ihrer Erklärung das deutende Wort.

Auch Gott spricht zu uns nicht nur mit Worten, er handelt an uns auch in Zeichen und Symbolen – das bezeugt die Bibel in vielfältiger Weise.

Das grundlegende heilige Zeichen der Zuneigung Gottes zu uns ist der menschgewordene Gott, Jesus Christus. Er ist das *„Ursakrament“*, das heilige Zeichen schlechthin und zugleich das Wort.

Durch Christus ist die Kirche heiliges Zeichen unter den Völkern, das *„Grundsakrament“*. In ihren sieben Sakramenten ist Christus uns unser Leben lang nahe. Die sieben Sakramente sind heilige Zeichen, in denen Christus uns seine Güte erfahren läßt und mit uns geht von der Geburt bis zu unserem Tod.

Im Wasser der *Taufe* reinigt Christus uns von Sünden und schenkt uns neues Leben als Glieder seiner Kirche.

In der Handauflegung und Salbung der *Firmung* stärkt Christus uns mit dem Heiligen Geist.

In der *Eucharistie* vergegenwärtigt Christus in der Wandlung von Brot und Wein sein Kreuzesopfer und vereinigt sich mit uns im eucharistischen Mahl.

In der *Buße* hilft Christus uns zur Umkehr und vergibt uns in der Lossprechung die Sünden.

In der *Krankensalbung* mit heiligem Öl steht uns Christus bei in schwerer Krankheit und Lebensgefahr.

Im Sakrament der *Weihe* gibt er durch die Handauflegung des Bischofs Vollmacht vor allem zur Verkündigung seines Wortes und zur Spendung seiner Sakramente.

In der *Ehe* verbindet er zwei Menschen durch ihr Jawort zu einem heiligen, unauflöslichen Bund, wie er selber ihn mit seiner Kirche geschlossen hat.

SAKRAMENTY

Uścisk dłoni, wzięcie w ramiona mogą być oznaką życzliwości, która nie potrzebuje słów. Wspaniały zachód słońca może dla kogoś, kto go głęboko przeżył, symbolizować odtąd piękno całego stworzenia. Istnieje mnóstwo znaków i symboli tego rodzaju. Niektóre z nich są wieloznaczne, albo niezrozumiałe bez komentarza.
W Piśmie Świętym czytamy, że Bóg przemawia do nas nie tylko słowami, lecz również mową znaków i symboli.
Dogłębnym znakiem życzliwości Boga do człowieka jest Jezus Chrystus – Bóg wcielony. Jest On *prasakramentem* prawdziwym, świętym znakiem i jednocześnie słowem.
Przez Chrystusa jest i Kościół świętym znakiem dla narodów. Można go nazwać *sakramentem podstawowym.* Kościół z kolei dysponuje siedmioma świętymi znakami – sakramentami, przez które Chrystus pozwala nam doświadczać swej dobroci od narodzin aż do śmierci.
W wodzie *chrztu* oczyszcza nas Chrystus z grzechów, obdarza nowym życiem i czyni członkami Kościoła.
W *sakramencie bierzmowania* umacnia nas Chrystus Duchem Świętym przez nałożenie rąk i święte namaszczenie.
W *Eucharystii* uobecnia Chrystus swą ofiarę krzyżową przez przemienienie chleba i wina, i jednoczy się z nami w świętej uczcie.
W *sakramencie pokuty* pomaga nam Chrystus do nawrócenia i odpuszcza grzechy przez kapłańskie rozgrzeszenie.
W *sakramencie namaszczenia* chorych olejem świętym pomaga nam Chrystus w ciężkiej chorobie i niebezpieczeństwie śmierci.
W *sakramencie kapłaństwa* udziela Chrystus przez nałożenie rąk biskupich władzy przede wszystkim do głoszenia swego słowa i udzielania sakramentów.
W *sakramencie małżeństwa* łączy Chrystus dwoje ludzi, ślubujących sobie miłość, wierność i uczciwość na całe życie, w święty, nierozerwalny związek, podobny temu, który On sam zawarł ze swoim Kościołem.

Wir sagen:

Sakramente sind heilige Zeichen, durch die Christus bewirkt, was sie bezeichnen.

Zu einem Sakrament gehören:

- Wort und Zeichen,
- die damit bezeichnete Gnade,
- der Auftrag des Herrn.

Was schenkt uns Gott in den Sakramenten?

Gott schenkt uns in den Sakramenten seine bleibende Nähe.
In ihnen begegnen wir Jesus Christus. Durch sie teilt Jesus uns das Heil und die Gnaden mit, die von seinem Kreuz ausgehen.

Herr, in deinen Sakramenten bist du uns der Helfer und Heiland – durch Zeichen und Wort. Du erneuerst uns und richtest uns auf, nährst und stärkst uns und gibst uns Kraft zum Leben in der Gemeinschaft und im Dienst an den Menschen.

Sakramenty są świętymi znakami, przez które Chrystus spełnia to, co one oznaczają.

Do pojęcia sakramentu należą:
- słowo i znak zewnętrzny;
- łaska Boża, którą one oznaczają;
- polecenie Chrystusa.

Czego udziela nam Bóg w sakramentach?

W sakramentach udziela nam Bóg swojej trwałej bliskości. W nich spotykamy Chrystusa, który nam przez nie ofiaruje zbawienie i łaski, wypływające z Jego krzyża.

Panie, przez znaki i słowa jesteś nam w Twoich sakramentach pomocą i zbawieniem. Ty nas odnawiasz, podnosisz, karmisz, umacniasz i uzdalniasz do życia we wspólnocie i służby bliźniemu.

IN DER TAUFE CHRIST GEWORDEN

Was bezeichnet und bewirkt die Taufe?

Durch die Taufe werden wir in Christus eingegliedert und in die Gemeinschaft der Kirche aufgenommen.
Das Zeichen des Taufsakramentes ist das Wasser. Es wird über das Haupt des Täuflings gegossen. Früher wurde der Täufling in das Wasser eingetaucht. In der Taufe verbindet sich Jesus unauflöslich mit uns. Er tilgt die Erbsünde, vergibt persönliche Sünden und schenkt uns neues Leben im Heiligen Geist.

Die Taufe wird gespendet mit den Worten:

„Ich taufe dich
im Namen des Vaters
und des Sohnes
und des
Heiligen Geistes."

Jeder Mensch kann gültig taufen; doch soll außer im Notfall nur der Priester oder Diakon taufen.
Die Kirche handelt so im Auftrag des auferstandenen Christus, der seine Jünger zu allen Völkern sandte. Mit diesem Auftrag schließt das Matthäus-Evangelium.

Mir ist alle Macht gegeben im Himmel und auf der Erde. Darum geht zu allen Völkern und macht alle Menschen zu meinen Jüngern: tauft sie auf den Namen des Vaters und des Sohnes und des Heiligen Geistes und lehrt sie, alles zu befolgen, was ich euch geboten habe. Seid gewiß: ich bin alle Tage bei euch bis zum Ende der Welt.

Mt 28,18–20

Für den Menschen, der Gott und Christus im Glauben erkennt, ist die Taufe ein heilsnotwendiges Sakrament. Jesus sagt:

Wenn jemand nicht aus Wasser und Geist geboren wird, kann er nicht in das Reich Gottes kommen.

Joh 3,5–8

Co oznacza i powoduje chrzest?

Przez chrzest stajemy się członkami Chrystusa i Kościoła. Znakiem zewnętrznym tego sakramentu jest woda, którą polewa się głowę katechumena. W dawnych wiekach chrzczono przez zanurzenie. Chrzest wiąże nas nierozerwalnie z Chrystusem, zmazuje grzech pierworodny i wszelkie grzechy osobiście popełnione oraz daruje nam nowe życie w Duchu Świętym.

Formuła chrztu brzmi:

N., Ja ciebie chrzczę
w imię Ojca i Syna, i Ducha Świętego.

Ważnie chrzcić może każdy człowiek, jednak poza wypadkiem nagłym, szafarzem chrztu jest kapłan lub diakon.
Chrzcząc, działa Kościół na polecenie zmartwychwstałego Chrystusa, który na końcu Ewangelii według św. Mateusza posyła uczniów do wszystkich narodów:

Dana mi jest wszelka władza w niebie i na ziemi. Idźcie więc i nauczajcie wszystkie narody, udzielając im chrztu w imię Ojca i Syna, i Ducha Świętego. Uczcie je zachowywać wszystko, co wam przykazałem. A oto ja jestem z wami przez wszystkie dni aż do skończenia świata

Mt 28,18–20

Dla człowieka, który uznaje Boga i Jego Syna Jezusa Chrystusa, jest chrzest sakramentem niezbędnym do zbawienia. Jezus mówi:

Jeśli się ktoś nie narodzi z wody i z Ducha,
nie może wejść do królestwa Bożego.

J 3,5–8

IN DER FIRMUNG: BESIEGELT MIT DER GABE GOTTES

Was bezeichnet und bewirkt die Firmung?

Das Zeichen des Firmsakramentes ist die Handauflegung und die Salbung durch den Bischof. Der Bischof zeichnet mit Chrisam ein Kreuz auf die Stirn des Firmlings.

Er spendet die Firmung mit den Worten:

„Sei besiegelt durch die Gabe Gottes, den Heiligen Geist."

Die Firmung vollendet die Taufe. In der Firmung stärkt Jesus Christus unseren Glauben durch die Kraft des Heiligen Geistes, damit wir als Christen leben und für Christus Zeugnis geben können.

Ein Segensgebet am Schluß der Firmfeier lautet:

Gütiger Gott, stärke und bewahre, was du in uns gewirkt hast. Erhalte die Gaben des Heiligen Geistes in den Herzen deiner Gläubigen, damit sie vor aller Welt Christus, den Gekreuzigten, bekennen, ihn lieben und seine Gebote erfüllen.
Durch ihn, Christus, unseren Herrn.

Unsere Taufe und Firmung sollen wir immer wieder erneuern. Wir sind berufen, „Salz der Erde" und „Licht der Welt" zu sein, wie Christus gesagt hat. Jeder Getaufte und Gefirmte ist berufen zum lebendigen Glaubenszeugnis. Ihm soll nicht der Vorwurf aus der Offenbarung des Johannes gelten:

Ich kenne deine Werke. Du bist weder kalt noch heiß. Weil du lau bist, weder heiß noch kalt, will ich dich aus meinem Mund ausspeien.

Offenbarung 3,15–16

W SAKRAMENCIE BIERZMOWANIA NAZNACZENI DAREM BOGA

Co oznacza i powoduje bierzmowanie?

Znakiem zewnętrznym tego sakramentu jest nałożenie rąk biskupich i namaszczenie czoła krzyżmem świętym w kształcie krzyża.

Formuła bierzmowania brzmi:

Przyjmij znamię daru Ducha Świętego.

Bierzmowanie stanowi dopełnienie chrztu. W sakramencie tym utwierdza Chrystus naszą wiarę mocą Ducha Świętego, abyśmy po chrześcijańsku żyli i naszą wiarę przed światem wyznawali.

Pod koniec bierzmowania modlimy się:

Dobry Boże, umocnij i zachowaj to, czego w nas dokonałeś. Utrwal dary Ducha Świętego w sercach Twoich wiernych, aby się przed całym światem do Chrystusa ukrzyżowanego przyznawali, Go kochali i wypełniali Jego przykazania.
Przez tegoż Chrystusa, Pana naszego. Amen.

Przyjęte przez nas sakramenty chrztu i bierzmowania powinniśmy nieustannie odnawiać. Jesteśmy przecież według słów Chrystusa solą ziemi i światłością świata; jesteśmy powołani do dawania świadectwa. Nie wolno nam zasłużyć na wyrzut z Objawienia św. Jana:

Znam twoje czyny. Nie jesteś zimny ani gorący. Skoro jesteś letni – ani gorący ani zimny, chcę cię wyrzucić z ust moich.

Ap 3,15–16

Die Erneuerung des Bundes Gottes mit den Menschen in der Eucharistie zieht die Glaubenden hinein in die drängende Liebe Christi und entzündet sie.

Zweites Vatikanisches Konzil

Liturgie ist der Gipfel, dem das Tun der Kirche zustrebt und zugleich die Quelle, aus der all ihre Kraft strömt.

Liturgiekonstitution, Nr. 10

Odnowienie przymierza Boga z człowiekiem w Eucharystii wciąga wierzącego w zniewalającą miłość Chrystusa i rozpala ją.

Sobór Watykański II

Liturgia jest szczytem, do którego zmierza działalność Kościoła, i jednocześnie źródłem, z którego wypływa cała jego moc.

Konstytucja o liturgii świętej, nr 10

WIR FEIERN DIE HEILIGE MESSE (EUCHARISTIE)

Was ist eigentlich eine heilige Messe?

In der heiligen Messe verkündet die Kirche alles, was Jesus gesagt und für uns getan hat. Jesus und sein Heilswerk werden gegenwärtig. So feiern wir sein Gedächtnis und freuen uns über seine Anwesenheit in unserer Mitte:

- Er richtet sein Wort an uns.
- Er gibt seinen Leib und sein Blut hin für uns.
- Er schenkt sich uns in den Gestalten von Brot und Wein.

Die heilige Messe ist

- das Gedächtnis unseres Herrn Jesus Christus
- das Opfer Christi und der Kirche
- das heilige Mahl
- das Fest unseres Glaubens

Die Worte, die Jesus beim letzten Abendmahl sprach, wiederholt der Priester in seinem Auftrag bei jeder Feier der heiligen Messe:

> Nehmet und esset alle davon:
> Das ist mein Leib,
> der für euch hingegeben wird.
> Nehmet und trinket alle daraus:
> Das ist der Kelch des neuen und ewigen Bundes, mein Blut, das für euch und für alle vergossen wird zur Vergebung der Sünden. Tut dies zu meinem Gedächtnis.

Zeichen der Eucharistie sind Brot und Wein. Sie werden bei der heiligen Messe in den Leib und das Blut Jesu Christi verwandelt.
In der Eucharistie vereinigt sich Christus mit uns und allen Gliedern seiner Kirche. Er gibt sich im Meßopfer dem Vater für uns hin. Er wird unser Opfer und unsere Speise.

In der Feier der Eucharistie dankt die Kirche Gott, dem Vater, durch den Sohn, in der Gemeinschaft des Heiligen Geistes.

Eucharistie heißt auf deutsch: Danksagung.
Das Wort „Messe" kann übersetzt werden mit „Aussendung". Die heilige Messe hat mancherlei Namen; einer der ältesten ist „heilige Versammlung"; denn in der heiligen Messe versammeln wir uns vor Gott; wir sagen Gott Dank in der Gemeinschaft mit Jesus Christus; wir feiern gemeinsam sein heiliges Opfer und lassen uns von ihm neu aussenden in die Welt.

MSZA ŚWIĘTA – EUCHARYSTIA

Czym jest właściwie Msza święta?

Msza święta zawiera esencję wszystkiego, co Jezus powiedział i dla nas uczynił. We Mszy świętej uobecnia się zbawcze dzieło Jezusa Chrystusa; obchodzimy Jego pamiątkę i cieszymy się Jego obecnością wśród nas.

- On kieruje do nas swe słowo,
- ofiaruje za nas swe Ciało i Krew,
- oddaje się nam pod postaciami chleba i wina.

Msza święta jest:

- pamiątką naszego Pana Jezusa Chrystusa;
- ofiarą Chrystusa i Kościoła;
- świętą ucztą;
- świętem naszej wiary.

W każdej Mszy świętej powtarza kapłan słowa Chrystusa, które On wyrzekł podczas Ostatniej Wieczerzy:

Bierzcie i jedzcie z tego wszyscy:
To, jest bowiem Ciało moje,
które za was będzie wydane.

Bierzcie i pijcie z niego wszyscy:
To jest bowiem kielich Krwi mojej
nowego i wiecznego przymierza,
która za was i za wielu będzie wylana
na odpuszczenie grzechów.
To czyńcie na moją pamiątkę.

Znakami Eucharystii są chleb i wino. Przemienione one zostają w czasie Mszy świętej w Ciało i Krew Pańską.
Chrystus łączy się ze wszystkimi członkami swego Kościoła i ofiaruje się za nas Ojcu. On sam jest naszą ofiarą i pokarmem.

We Mszy świętej Kościół dziękuje Bogu Ojcu przez Syna w jedności z Duchem Świętym.

Eucharystia oznacza dziękczynienie, Msza święta – rozesłanie. Wśród różnorodnych nazw Mszy świętej jedną z najstarszych jest „święte zgromadzenie". We Mszy świętej gromadzimy się bowiem przed Bogiem, dziękujemy Mu we wspólnocie z Jezusem Chrystusem, uczestniczymy w najświętszej Chrystusowej ofierze, by potem, rozesłani przez Niego, iść w świat dla dawania świadectwa.

WIE KANN ICH LERNEN, DIE HEILIGE MESSE RECHT MITZUFEIERN?

Heilige Messe feiern heißt:

- Wir versammeln uns um den auferstandenen Herrn.
- Wir hören sein Wort und nehmen es auf.
- Wir sagen Gott dem Vater Dank für seine Güte.
- Wir bringen mit Jesus Christus das heilige Opfer dar.
- Wir geben uns ihm ganz und gar hin.
- Wir werden eins mit Jesus Christus und untereinander.

Jesus spricht:

> Wo zwei oder drei in meinem Namen versammelt sind,
> da bin ich mitten unter ihnen.

Mt 18,20

Was die Christen bei der heiligen Messe feiern, ist nicht alles mit den Augen und den Ohren wahrnehmbar. Das Wichtigste ist sogar für die Augen unsichtbar.
Unsere Meßfeier wird geleitet durch den Priester, doch jeder ist beteiligt.
Der Ablauf der heiligen Messe ist von der Kirche geordnet.
Die heilige Messe hat zwei Hauptteile:
den Wortgottesdienst und die Eucharistiefeier, das Opfermahl unseres Herrn.
Wir nennen heute oft die ganze heilige Messe „Eucharistiefeier", obwohl die eigentliche Eucharistiefeier erst mit der Gabenbereitung beginnt.

Die Feier der heilige Messe ist im „Gotteslob" ausführlich dargestellt – die verschiedenen Hochgebete und die Meßlieder sind ab Nr. 352 wiedergegeben.

Ohne die *regelmäßige Mitfeier der heiligen Messe* wird ein Christ schwerlich im Glauben lebendig bleiben. Denn dazu gehört, was in der Messe geschieht:
die Gemeinschaft mit den Glaubenden
die Hinwendung zum Gott im Gebet
das Hören auf Gottes Wort
die Hingabe an Gottes Willen in der Gemeinschaft mit Christus
die Teilhabe an seinem Opfer und seinem Mahl
die Sendung und der Segen des Herrn.

W JAKI SPOSÓB UCZESTNICZYMY WŁAŚCIWIE WE MSZY ŚWIĘTEJ?

Biorąc udział we Mszy świętej:

- gromadzimy się wokół zmartwychwstałego Pana;
- słuchamy Jego słowa i przyjmujemy je;
- dziękujemy Bogu Ojcu za Jego dobroć;
- składamy wraz z Jezusem Chrystusem Najświętszą Ofiarę;
- oddajemy się Mu całkowicie;
- jednoczymy się z Nim i między sobą.

Jezus mówi:

> Gdzie dwaj albo trzej zebrani są w imię moje,
> tam jestem pośród nich.

Mt 18,20

Nie wszystko, co przeżywamy we Mszy świętej, jest dostępne naszym oczom i uszom. Najważniejsze pozostaje dla naszych zmysłów niedostępne.
We Mszy świętej, której przewodniczy kapłan, biorą czynny udział wszyscy wierni. Przebieg Mszy świętej ustalony jest przez Kościół.
Msza święta składa się z dwóch zasadniczych części:
z liturgii słowa i liturgii eucharystycznej.
Dziś nazywamy często całą Mszę świętą Eucharystią, aczkolwiek właściwa liturgia eucharystyczna rozpoczyna się dopiero od przygotowania darów ofiarnych.

Liturgia Mszy świętej jest wyczerpująco przedstawiona w naszej książce do nabożeństwa „Gotteslob", od numeru 352 począwszy.

Bez *regularnego uczestnictwa we Mszy świętej* trudno byłoby chrześcijaninowi zachować żywą wiarę. Ta bowiem karmi się tym, co dokonuje się we Mszy świętej, a więc:
wspólnotą ze wszystkimi wiernymi;
nastawieniem się na Boga w modlitwie;
słuchaniem słowa Bożego;
poddaniem się woli Bożej we wspólnocie z Chrystusem;
udziałem w Jego ofierze i uczcie;
posłannictwem i błogosławieństwem Pana.

BUSSE: FREUDE DER UMKEHR

Das Wort „Sünde" lieben wir nicht. Am ehesten wird es noch gebraucht im Zusammenhang mit Fehlern gegen die Umwelt oder bei „Alkoholmißbrauch". Gewiß kann man von Sünde sprechen beim unvernünftigen und ungerechten Verhalten eines Menschen. Aber Sünde ist immer auch ein Unrecht gegen Gott, seinen Willen, seine Absichten, seine Gebote und gegen die Gemeinschaft der Kirche.

Aber wieso hat mein verkehrtes Verhalten zu meinen Mitmenschen etwas mit Gott zu tun? Kann ich das nicht allein mit ihnen ausmachen, „bereinigen", „bewältigen"? Brauche ich dazu auch noch eine Verzeihung oder Vergebung durch Gott?

Die Offenbarung spricht davon, daß Gott sich um uns kümmert, vor allem um die Benachteiligten und die Schwachen, denen Unrecht getan wird. Jedes Vergehen gegen einen Mitmenschen ist immer auch ein Vergehen gegen den gemeinsamen Vater, der unter seinen Kindern Frieden und Recht will. Darum verlangt Gott selbst, daß wir von allem Bösen umkehren.

In der Umkehr von dem Bösen begegnen wir dem *barmherzigen Gott*. Er vergibt; und er will, daß auch wir vergeben. Das sagt die Bitte Jesu im Vaterunser: *„Vergib uns unsre Schuld, wie auch wir vergeben unsern Schuldigern."*

Aus Gottferne, aus einem sinnlosen Leben, aus Unrecht und Hartherzigkeit, aus Haß und Zorn und allem Bösen umkehren – das ist für uns Menschen oft sehr schwer. Aber Jesus sagt, daß über eine solche Umkehr „Freude im Himmel" ist. Eine solche Umkehr setzt auf seiten des Menschen Einsicht, Reue, neue Bereitschaft zum Guten (Vorsatz) und tatkräftige Wiedergutmachung voraus oder schließt sie ein.

Dieser Neuorientierung kommt der geduldige, langmütige Gott mit großer Erbarmung entgegen – das ist die Botschaft der ganzen Bibel. Gott vergibt gern, wenn er den Ernst der Umkehr, der Buße sieht.

Jesus hat dem reumütigen Sünder gesagt: Deine Sünden sind dir vergeben. Und er hat seinen Jüngern die Vollmacht zur Sündenvergebung – als österliches Sakrament – übertragen.

Der Evangelist Johannes berichtet vom Abend des Auferstehungstages:

> Am Abend dieses ersten Tages der Woche, als die Jünger aus Furcht vor den Juden die Türen verschlossen hatten, kam Jesus, trat in ihre Mitte und sagte zu ihnen: Friede sei mit euch! Nach diesen Worten zeigte er ihnen seine Hände und seine Seite. Da freuten sich die Jünger, daß sie den Herrn sahen. Jesus sagte noch einmal zu ihnen: Friede sei mit euch! Wie mich der Vater gesandt hat, so sende ich euch. Nachdem er das gesagt hatte, hauchte er sie an und sprach zu ihnen: Empfangt den Heiligen Geist! Wem ihr die Sünden vergebt, dem sind sie vergeben; wem ihr die Vergebung verweigert, dem ist sie verweigert.

Joh 20,19–23

POKUTA: RADOŚĆ Z NAWRÓCENIA

Niechętnie mówi się dziś o grzechu. Najczęściej jeszcze używa się tego pojęcia w łączności z zagrożeniem środowiska albo nadużyciem alkoholu. O grzechu można mówić przy nieroztropnym, nieprawym postępowaniu człowieka. Grzech jednak jest zawsze również nieprawością wobec Boga i Kościoła, lekceważeniem Bożej woli, Bożych zamiarów i przykazań.

Dlaczego jednak mój grzeszny stosunek do ludzi ma mieć coś wspólnego z Bogiem? Czy nie mogę z samym człowiekiem wszystkiego ułożyć, naprawić, załatwić? Po co mi jeszcze Boże przebaczenie?

Objawienie mówi o tym, że Bóg się troszczy o ludzi, zwłaszcza tych upośledzonych, słabych i krzywdzonych. Każde wykroczenie przeciwko człowiekowi jest więc i występkiem wobec wspólnego Ojca, który chce, by między Jego dziećmi panowały pokój i prawo. Dlatego żąda On, by ludzie się odwrócili od wszelkiego zła. Nawracając się, spotykamy *miłosiernego* Boga, który przebacza i pragnie, byśmy i my przebaczali. O tym mówi prośba Jezusa w Modlitwie Pańskiej: *„I odpuść nam nasze winy, jako i my odpuszczamy naszym winowajcom".*

Bardzo ciężko jest często ludziom odwrócić się od bezsensownego życia z dala od Boga, od nieprawości i zatwardziałości serca, od nienawiści, gniewu i wszelkiego zła. Jezus jednak mówi, że wielka radość panuje w niebie z jednego choćby grzesznika, który zawraca z błędnej drogi. Nawrócenie zakłada ze strony człowieka zrozumienie, żal, mocne postanowienie poprawy i konkretne zadośćuczynienie.

Tej nowej orientacji wychodzi naprzeciw cierpliwy i pobłażliwy Bóg o wielkim miłosierdziu – oto nauka Pisma Świętego. Bóg chętnie przebacza, kiedy grzesznik na serio bierze nawrócenie i pokutę. Pan powiedział skruszonemu grzesznikowi: „Odpuszczają ci się grzechy twoje". A swoim uczniom powierzył jako sakrament wielkanocny władzę odpuszczania grzechów.

Św. Jan Ewangelista opowiada o wieczorze zmartwychwstania:

> Wieczorem owego pierwszego dnia tygodnia, gdy drzwi z obawy przed Żydami były zamknięte, przyszedł Jezus, stanął pośrodku i rzekł do nich: Pokój wam! Powiedziawszy to, pokazał im ręce i bok. Uradowali się zatem uczniowie ujrzawszy Pana. A Jezus znowu rzekł do nich: Pokój wam! Jako mnie posłał Ojciec, tak i ja was posyłam. Po tych słowach tchnął na nich i powiedział: Weźmijcie Ducha Świętego! Którym odpuścicie grzechy, są im odpuszczone, a którym zatrzymacie, są im zatrzymane.

J 20,19–23

Die Kirche hat von Jesus Christus den Auftrag erhalten, dieses österliche Geschenk der Versöhnung weiterzugeben.

Allen Menschen, die umkehren und wieder neu in Gottes Liebe leben wollen, zeigt die Kirche durch das Sakrament der Buße:

- Gott verzeiht dir;
- Gott nimmt dich als lebendiges Glied seiner Kirche wieder an;
- Gott versöhnt dich mit allen Gläubigen in der Gemeinschaft der Kirche.

Seid gütig zueinander, seid barmherzig, vergebt einander, weil auch Gott euch durch Christus vergeben hat.

Eph 4,32

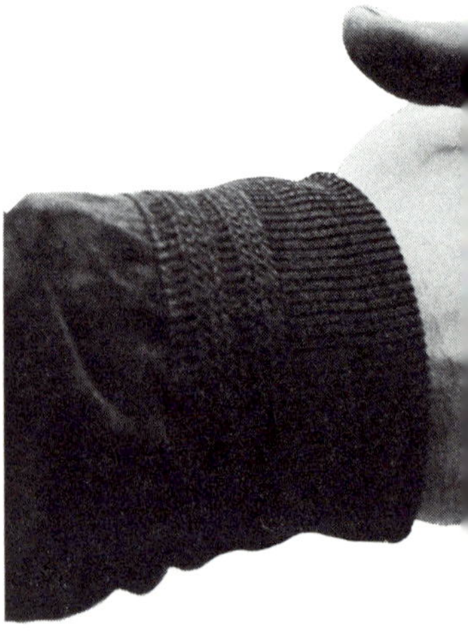

Kościół otrzymał od Jezusa Chrystusa polecenie dalszego przekazywania tego wielkanocnego daru pojednania.
Przez sakrament pokuty Kościół ukazuje każdemu człowiekowi, który pragnie się nawrócić i na nowo żyć w miłości Bożej, że:

- Bóg ci przebacza;
- Bóg sprawia, iż znowu jesteś żywym członkiem Jego Kościoła;
- Bóg jedna cię ze wszystkimi wiernymi we wspólnocie Kościoła.

Bądźcie dla siebie nawzajem dobrzy i miłosierni. Przebaczajcie sobie, tak jak i Bóg nam przebaczył w Chrystusie.

Ef 4,32

DAS SAKRAMENT DER BUSSE: ERNEUTE VERGEBUNG DER SÜNDEN

Wer sein Leben ehrlich und ohne Selbsttäuschung betrachtet, wird bekennen müssen, daß er Gutes unterlassen und Böses getan hat, daß er gesündigt hat in Gedanken, Worten und Werken, durch eigene Schuld.
So sehr das oft schmerzlich und beschämend ist, so befreiend ist die Frohe Botschaft, daß Gott wie ein guter Vater jedem vergeben will, der seine Schuld bereut und um Vergebung bittet, freilich unter der Bedingung, die Jesus verkündet:

> Wenn ihr den Menschen ihre Verfehlungen vergebt, dann wird euer himmlischer Vater auch euch vergeben.
> Wenn ihr aber den Menschen nicht vergebt, dann wird euch euer Vater eure Verfehlungen auch nicht vergeben.

Mt 6,14–15

Jesus sagt dem Sünder: Geh hin und sündige nicht mehr.

Die Kirche kennt viele Möglichkeiten, von Gott Vergebung zu erlangen:
Bei der täglichen Gewissenserforschung können wir Gott, dem Vater, sagen, was wir nicht gut gemacht haben und wodurch wir unsere Mitmenschen verletzt und ihnen geschadet haben. Im Gebet bitten wir um Verzeihung und versprechen, daß wir bemüht sind, uns zu bessern. Dadurch sagen wir, daß wir bereit sind, Gottes versöhnende Liebe anzunehmen und daß wir uns auch wieder mit den Menschen versöhnen wollen.
Zu Beginn der heiligen Messe denken wir daran, wie wir vor Gott gelebt haben, und bitten durch das gemeinsame Schuldbekenntnis um Gottes vergebende Liebe.
In besonderer Weise schenkt Gott uns seine verzeihende Liebe im *Sakrament der Buße.* Es ist in der Kirche das heilige Zeichen, daß Gott den Menschen nicht verlorengehen läßt. Er bietet dem Sünder einen neuen Anfang an.

Wer das Bußsakrament empfangen will, der muß

- sich *besinnen* und sein Gewissen erforschen;
- seine Schuld *bereuen*;
- den Willen haben, sich zu *bessern*;
- die Sünden aufrichtig *bekennen*;
- bereit sein, für seine Sünden zu *büßen* und den angerichteten Schaden wiedergutzumachen.

SAKRAMENT POKUTY: PONOWNE ODPUSZCZENIE GRZECHÓW

Każdy, kto szczerze i bez oszukiwania samego siebie rozmyśla nad swoim życiem, musi przyznać, że przez zaniedbanie dobra i czynienie zła, zgrzeszył myślą, mową i uczynkiem, i to z własnej winy. To często boli i zawstydza.
Prawdziwym wyzwoleniem jest Dobra Nowina o Bogu, który jako dobry Ojciec przebacza każdemu, kto za grzechy żałuje i prosi o przebaczenie. Jezus jednak stawia warunek:

> Jeżeli przebaczycie ludziom ich przewinienia,
> przebaczy i wam wasz Ojciec niebieski.
> Lecz jeśli nie przebaczycie ludziom,
> i Ojciec wasz nie przebaczy wam waszych przewinień.

Mt 6,14–15

Jezus mówi grzesznikowi: Idź i nie grzesz więcej.

Kościół zna wiele możliwości uzyskania od Boga przebaczenia. Jedną z nich jest codzienny rachunek sumienia. Rozważywszy nasze wykroczenia i krzywdy wyrządzone bliźniemu, prosimy Boga, dobrego Ojca, o przebaczenie i przyrzekamy poprawę w miarę naszych możliwości. Pokazujemy przez to, że jesteśmy gotowi przyjąć przebaczającą miłość Boga i pojednać się z bliźnimi.
Na początku Mszy świętej rozważamy, czy nasze życie odpowiadało woli Bożej i prosimy we wspólnym akcie pokutnym o Jego zmiłowanie. W szczególny sposób udziela nam Bóg swej przebaczającej miłości w *sakramencie pokuty – spowiedzi.* Sakrament ten jest w Kościele świętym znakiem Bożej gotowości ratowania każdego człowieka. Bóg umożliwia grzesznikowi zarazem rozpoczęcie nowego życia.

Kto chce przyjąć sakrament pokuty, ten musi:

- zastanowić się nad sobą – zrobić *rachunek sumienia;*
- *żałować* za swoje grzechy;
- *postanowić poprawę;*
- szczerze *wyznać swe grzechy;*
- być gotowy do *pokuty* i *naprawienia* wyrządzonych *szkód.*

Die Beichte ist ein österliches Sakrament: Sie ist Befreiung und Auferstehung aus der Niederlage und dem Tod der Sünde. Darum sollen und dürfen wir gerne beichten.
Eine Beichthilfe ist ein Gewissensspiegel. Zwar ist Gewissenserforschung eine ganz persönliche Sache. Jeder muß sein Leben, sein Verhalten in Familie, Umwelt und menschlicher Gemeinschaft selber bedenken. Kein Gewissensspiegel (Beichtspiegel) kann das ganze Leben erfassen. Er gibt nur Anregungen (vgl. Gotteslob S. 118–141).

Was geschieht in der Beichte?

Das Zeichen des Bußsakramentes ist das reumütige Bekenntnis des Sünders und die Lossprechung durch den Priester. Der Priester spricht den Menschen, der seine Sünden bereut und bekennt und den Vorsatz hat, nicht mehr zu sündigen, im Auftrag Jesu Christi und der Kirche von aller Schuld frei.
Im Bußsakrament versöhnt uns Christus durch den Dienst der Kirche mit Gott. Er verzeiht uns die Sünden und schenkt uns Vergebung. So werden wir fähig, uns mit unseren Mitmenschen zu versöhnen.

Der Priester spricht:

Gott, der barmherzige Vater, hat durch den Tod und die Auferstehung seines Sohnes die Welt mit sich versöhnt und den Heiligen Geist gesandt zur Vergebung der Sünden. Durch den Dienst der Kirche schenke er dir Verzeihung und Frieden.
So spreche ich dich los von deinen Sünden – im Namen des Vaters und des Sohnes und des Heiligen Geistes.
Amen

Wir wissen, daß kein Mensch ohne Sünde lebt. Darum lädt die Kirche ihre Gläubigen zur häufigen Beichte ein;

- die Beichte hilft uns, unsere Fehler besser zu erkennen und zu überwinden;
- sie schenkt uns Frieden mit Gott und den Menschen;
- sie stärkt uns in der Gewissensbildung und macht uns froh;
- sie schenkt uns die Gnade Gottes, die Sünde zu meiden;
- sie trägt zur Vertiefung des Glaubens bei;
- sie läßt uns die heilige Kommunion würdig empfangen.

Laß dich nicht vom Bösen besiegen,
sondern besiege du das Böse durch das Gute.

Röm 12,21

Spowiedź jest sakramentem wielkanocnym, a tym samym wyzwoleniem i powstaniem z klęski i ze śmierci, zadanych nam przez grzech. Dlatego chętnie powinniśmy korzystać z możliwości częstej spowiedzi.
Rachunek sumienia jest sprawą całkowicie osobistą. Każdy musi sam pomyśleć o swoim życiu, stosunku do rodziny, środowiska i społeczeństwa. Jako pomoc w tej materii może posłużyć schemat rachunku sumienia (por. Gotteslob, s. 118–141), ale żaden schemat nie ujmie całokształtu zagadnień życiowych. Może on tylko dać pewne wskazówki.

Co dzieje się w spowiedzi?

Znakiem zewnętrznym tego sakramentu jest wyznanie skruszonego grzesznika i rozgrzeszenie kapłańskie. W imieniu Chrystusa i Kościoła odpuszcza kapłan wszystkie winy człowiekowi, który swe grzechy wyznaje, za nie żałuje i postanawia się poprawić.
W ten sposób, przez posługę Kościoła, jedna nas Chrystus z Bogiem i uzdalnia do pojednania z bliźnim.

Słowa rozgrzeszenia kapłańskiego:

Bóg, Ojciec miłosierdzia, który pojednał świat ze sobą, przez śmierć i zmartwychwstanie swojego Syna i zesłał Ducha Świętego na odpuszczenie grzechów, niech ci udzieli przebaczenia i pokoju przez posługę Kościoła.
I ja odpuszczam tobie grzechy
w imię Ojca i Syna + i Ducha Świętego.
Wierny odpowiada: Amen.

Wiemy, że nie ma ludzi bez grzechu. Dlatego wzywa nas Kościół do częstej spowiedzi, która:

- pomaga nam poznać i przezwyciężyć nasze błędy;
- obdarza pokojem z Bogiem i ludźmi;
- kształci sumienie i obdarza radością;
- pomaga w pogłębieniu wiary
- i w godnym przyjmowaniu Komunii świętej.

Nie daj się zwyciężyć złu,
lecz zło dobrem zwyciężaj.

Rz 12,21

KRANKENSALBUNG: DER HERR STEHT MIR BEI

In der Krankheit, unter Schmerzen und Beschwerden, ja in Todesgefahr wissen wir uns arm und vielfältiger Hilfe bedürftig.
Da ist es tröstlich, daß uns Gott auch in dieser Lage nahe sein will und uns nicht verläßt. Schon in der Kirche der Apostel galt:

> Ist einer von euch bedrückt? Dann soll er beten. Ist einer fröhlich? Dann soll er ein Loblied singen. Ist einer von euch krank? Dann rufe er die Ältesten der Gemeinde zu sich; sie sollen Gebete über ihn sprechen und ihn im Namen des Herrn mit Öl salben. Das gläubige Gebet wird den Kranken retten, und der Herr wird ihn aufrichten; wenn er Sünden begangen hat, werden sie ihm vergeben.

Jak 5,13–15

Wozu die Krankensalbung?

- In der Krankensalbung stärkt uns Christus in Krankheit und Lebensgefahr. Er befreit den Kranken von seiner Schuld und hilft ihm, sein Leiden nach dem Vorbild Jesu tapfer zu ertragen.
- Das Zeichen der Krankensalbung ist die Salbung an Stirn und Händen mit heiligem Öl.
- Der Priester legt dem Kranken die Hände auf; er salbt ihn und betet dabei:

> Durch diese heilige Salbung helfe dir der Herr in seinem reichen Erbarmen; er stehe dir bei mit der Kraft des Heiligen Geistes. Der Herr, der dich von Sünde befreit, rette dich; in seiner Gnade richte er dich auf.

Wenn der Priester zu einem Kranken gerufen wird, spendet er ihm gewöhnlich auch das Sakrament der Buße und die heilige Kommunion. Ein solcher Krankenbesuch heißt „Versehgang“.

NAMASZCZENIE CHORYCH: PAN MI POMAGA

W chorobie, wśród bólów i dolegliwości, szczególnie w niebezpieczeństwie śmierci, czujemy się biedni i potrzebujemy pomocy. Jakaż to pociecha, że i w takich sytuacjach Bóg chce być przy nas i nas nie opuszcza! Już w Kościele czasów apostolskich wiedziano:

Spotkało kogoś z was nieszczęście? Niech się modli. Jest ktoś radośnie usposobiony, niech śpiewa hymny. Choruje ktoś wśród was? Niech sprowadzi kapłanów Kościoła, aby się modlili nad nim i namaścili go olejem w imię Pana. A modlitwa pełna wiary będzie dla chorego ratunkiem i Pan go podźwignie, a jeśliby popełnił grzechy, będą mu odpuszczone.

Jk 5,13–15

Do czego potrzebne jest namaszczenie chorych?

- W sakramencie tym umacnia Chrystus człowieka w chorobie i zagrożeniu życia, uwalnia chorego od winy i pomaga za swoim przykładem cierpliwie znosić cierpienia.
- Zewnętrznym znakiem sakramentu namaszczenia chorych jest namaszczenie chorego olejem świętym na czole i na dłoniach.
- Kapłan nakłada na chorego ręce i namaszcza go, mówiąc przy tym:

Przez to święte namaszczenie niech Pan w swoim nieskończonym miłosierdziu wspomoże ciebie łaską Ducha Świętego. Pan, który odpuszcza ci grzechy, niech cię wybawi i łaskawie podźwignie.

Wezwany do chorego kapłan udziela mu zwykle także sakramentu pokuty i Komunii świętej.

PRIESTERWEIHE UND ORDENSSTAND – DIENSTAMT UND RÄTESTAND

Was heißt das: Christen sind berufen?

Christsein heißt berufen und gesalbt sein – aber nicht alle Christen sind zum gleichen Dienst berufen. Alle Getauften und Gefirmten haben Anteil am Priestertum Jesu Christi: Sie sollen ihr Leben vor Gott heilig führen, Gottes Willen erfüllen und von seiner Wahrheit Zeugnis geben.
Dieses gemeinsame Priestertum aller Getauften soll in der Welt wirken wie „Salz der Erde“ und „Licht der Welt“ – wie Jesus in seiner Bergpredigt gesagt hat.
Es gibt aber im Volk Gottes besondere Berufungen:

– zum Aufbau der Gemeinde, zum Dienst am Volk Gottes gibt es das priesterliche *Dienstamt;*
– in der Nachfolge Christi gibt es den *Rätestand* – der in freigewählter Besitzlosigkeit, Ehelosigkeit und Übergabe des eigenen Willens an einen kirchlichen Oberen Christus in ganzer Hingabe nachfolgen will – gemäß den „evangelischen Räten“.

Laßt uns ständig beten um gute Priester! Herr, sende Arbeiter in deine Ernte.

Durch die Priesterweihe wird der Erwählte zum Dienst Christi und der Kirche bestellt. Christus gibt dem Geweihten die Vollmacht zur Verkündigung der Frohen Botschaft, zum Hirtendienst und zur Feier der Sakramente und des Gottesdienstes mit den Gläubigen. Er schenkt die Gnade zu einem priesterlichen Leben und Wirken.
Das Zeichen der Priesterweihe ist die Handauflegung des Bischofs auf das Haupt derer, die zum Priestertum erwählt sind. Auch die anwesenden Priester legen ihnen die Hände auf.

Aus dem Weihegebet der Priesterweihe:

Allmächtiger Gott, wir bitten dich:
Gib deinen Knechten die priesterliche Würde. Erneuere in ihnen den Geist der Heiligkeit. Gib, o Gott, daß sie festhalten an dem Amt, das sie aus deiner Hand empfingen; ihr Leben sei für alle Ansporn und Richtschnur. Segne, heilige und weihe deine Diener, die du erwählt hast. – Wir bitten dich, erhöre uns.

KAPŁAŃSTWO I STAN ZAKONNY – URZĄD POSŁUGIWANIA I STAN RAD EWANGELICZNYCH

Co oznacza, że chrześcijanie są powołani?

Być chrześcijaninem znaczy być powołanym i namaszczonym, ale nie wszyscy chrześcijanie powołani są do tego samego posługiwania. Wszyscy ochrzczeni i bierzmowani mają udział w kapłaństwie Jezusa Chrystusa, aby prowadzić święte życie, wypełniać wolę Bożą i świadczyć o Jego prawdzie.
To powszechne kapłaństwo wszystkich ochrzczonych ma być według Jezusowego kazania na górze „solą ziemi" i „światłem świata".

Wśród ludu Bożego istnieją szczególne powołania:

- *Posługiwanie kapłańskie* – do służby ludowi Bożemu i budowania wspólnoty.
- *Stan zakonny* – radykalne naśladowanie Chrystusa w dobrowolnym realizowaniu rad ewangelicznych: czystości, ubóstwa i posłuszeństwa kościelnemu przełożonemu.

Módlmy się wytrwale o dobrych kapłanów: Panie, poślij pracowników na Twoje żniwo!

Przez święcenia kapłańskie otrzymują wybrani misję służenia Chrystusowi i Kościołowi. Chrystus obdarza ich władzą nauczycielską, pasterską i kapłańską. On wspomaga ich łaską, potrzebną w życiu i posługiwaniu kapłańskim.
Znakiem zewnętrznym sakramentu kapłaństwa jest nałożenie rąk biskupich na głowę wybrańca. Czynią to również wszyscy obecni podczas święceń kapłani.

Z modlitwy konsekracyjnej:

Prosimy Cię, Ojcze Wszechmogący, daj tym sługom swoim godność prezbiteratu; odnów w ich sercach ducha świętości, aby od Ciebie otrzymali urząd kapłański i przykładem swego postępowania pociągnęli innych do poprawy obyczajów... Pobłogosław, uświęć i wyświęć Twoje sługi, których wybrałeś... Prosimy Cię, wysłuchaj nas, Panie!

Durch den Eintritt in einen Orden oder eine geistliche Gemeinschaft weiht sich der oder die Berufene dem Dienst Gottes und an den Brüdern und Schwestern in der Weise eines besonderen Zeugnisses: als Mönch, als Missionar, als Ordensbruder, als Schwester.
Es gibt in der Kirche viele Orden und geistliche Gemeinschaften. Durch sie ist viel Gutes bewirkt worden in Seelsorge und Krankendienst, in Schule und Mission und besonders im stillen Gebet. Ihre Gründer und Heiligengestalten sind exemplarische Gestalten für alle Christen. Das sind Männer und Frauen wie Benedikt, Franziskus, Dominikus, Ignatius, Vinzenz von Paul, Scholastika, Klara, Teresa von Avila, Maria Ward und sehr viele andere.
Exemplarische Gestalten der letzten hundert Jahre sind etwa Theresia Maria Gerhardinger, die Gründerin der Armen Schulschwestern; Peter Friedhofen, der einen Brüderorden zur Krankenpflege gründete; der Jesuitenpater Rupert Mayer, der als Männerseelsorger in München dem Ungeist der Zeit widerstand; Edith Stein, die als deutsche Jüdin und Karmelitin von den Nationalsozialisten in Auschwitz ermordet wurde, Maximilian Kolbe, der sein Leben im KZ für einen Mithäftling opferte.

Bete und arbeite!

(Wahlspruch der Benediktiner)

Gott allein die Ehre!

(Dominikus)

Alles zur größeren Ehre Gottes!

(Ignatius)

Gott allein genügt!

(Theresa von Avila)

Alle Werke Gottes gehen leidvoll,
dann aber stehen sie desto fester
und blühen desto herrlicher auf.

(Theresia von Jesu Gerhardinger).

Przez wstąpienie do zakonu czy zgromadzenia mężczyzna lub kobieta poświęca się na służbę Bogu i ludziom w szczególny sposób; decyduje się na życie w klasztorze czy na misjach jako brat lub siostra zakonna.
W Kościele naszym istnieje wiele zakonów i zgromadzeń. Dokonały one wiele dobrego; w duszpasterstwie i opiece nad chorymi, w szkołach i na misjach, a szczególnie przez cichą modlitwę. Ich założyciele i święci są wzorami osobowymi dla wszystkich chrześcijan. Są wśród nich mężczyźni i kobiety – tacy święci, jak: Benedykt, Franciszek, Dominik, Ignacy, Wincenty á Paulo, Scholastyka, Klara, Teresa z Avila, Maria Ward i bardzo wielu innych. Przykładami świętości ostatniego stulecia są między innymi: Teresa Maria Gerhardinger – założycielka Biednych Sióstr Szkolnych, Piotr Friedhofen – założyciel zgromadzenia braci dla opieki nad chorymi, jezuita Rupert Mayer – niezłomny duszpasterz mężczyzn w Monachium w czasach hitlerowskich, Edyta Stein – niemiecka Żydówka i karmelitanka, zamordowana przez nazistów w Oświęcimiu, Maksymilian Kolbe, który w tym samym obozie koncentracyjnym poświęcił swe życie dla współwięźnia.

Módl się i pracuj!

Hasło benedyktynów

Samemu Bogu cześć!

Św. Dominik

Wszystko na większą chwałę Bożą!

Św. Ignacy

Bóg sam wystarczy!

Św. Teresa z Avila

Wszystkie dzieła Boże rozwijają się w cierpieniu,
by potem tym bardziej trwać
i tym piękniej rozkwitać.

Teresa od Jezusa (Gerhardinger)

EHE UND FAMILIE – IN CHRISTUS VERBUNDEN

Die Familie ist die „Keimzelle“ der menschlichen Gesellschaft. Nirgendwo sonst lernen wir so gut wie hier einander annehmen und zusammenhalten. Nirgendwo lernen wir Rücksichtnahme aufeinander, Hilfsbereitschaft und gegenseitiges Vergeben besser als in der Gemeinschaft der Familie.
Wenn Mann und Frau sich zum Bund der Ehe zusammentun und eine Familie gründen, will Gott mit seinem Segen – im heiligen Zeichen dieser Verbindung – zugegen sein.

Was bezeichnet und bewirkt das Ehesakrament?

Das Zeichen der Ehe ist das gegenseitige Versprechen von Mann und Frau, ein ganzes Leben lang in Liebe und Treue verbunden zu bleiben. Sie legen ihr Versprechen in der Gemeinschaft der Kirche ab, das heißt vor dem zuständigen Priester und den Trauzeugen.
In der Ehe verbindet Christus Mann und Frau zu einem heiligen, unauflöslichen Bund. Die Eheleute erhalten im Sakrament von Gott die Gnade und Kraft, ihre Aufgaben in Ehe und Familie erfüllen zu können.

Ein Gebet der Eheleute:

> Herr, wir haben zueinander ja gesagt.
> Die Liebe kennt keine Furcht, sie kann für immer ja sagen. Danke, Herr, für diese Liebe. Danke, daß du durch das Sakrament der Ehe bei uns bist. Laß uns einander treu sein.

Die Eltern sollen für ihre Kinder und die Kinder für ihre Eltern beten.
Die Kinder sind ein Geschenk und Auftrag Gottes an ihre Eltern und an uns alle.
Gute Eltern sind ein Segen für ihre Kinder. Ihr Beispiel prägt das Verhalten der Kinder mehr als viele andere Einflüsse, die auf sie einwirken. Ihr Beispiel wiegt mehr als Worte und Befehle. Für die Familie gilt in besonderer Weise: *an Gottes Segen ist alles gelegen.*

MAŁŻEŃSTWO I RODZINA – ZJEDNOCZENI W CHRYSTUSIE

Rodzina jest podstawową komórką społeczeństwa. Nigdzie indziej nie można się tak nauczyć wzajemnego zrozumienia i solidarności. W niej najlepiej uczymy się wyrozumiałości, wzajemnej pomocy i przebaczania.
Kiedy mężczyzna i kobieta zawierają związek małżeński i zakładają rodzinę, Bóg towarzyszy im swoim błogosławieństwem.

Co oznacza i powoduje sakrament małżeństwa?

Znakiem małżeństwa jest wyrażenie wzajemnej zgody mężczyzny i kobiety na trwający całe życie związek w miłości i wierności. Dokonuje się to w formie uroczystego przyrzeczenia we wspólnocie Kościoła, to znaczy wobec kompetentnego kapłana i świadków ślubu. W małżeństwie łączy Chrystus mężczyznę i kobietę w święty i nierozerwalny związek i udziela im łask oraz mocy potrzebnych do życia małżeńskiego i rodzinnego.

Modlitwa małżonków:

Panie, każdy z nas wypowiedział słowa świętej przysięgi. Prawdziwa miłość nie zna strachu. Dzięki Ci, Panie, za tę miłość i za Twą obecność wśród nas przez sakrament małżeństwa. Pomóż nam wytrwać w wierności.

Rodzice powinni się modlić za swe dzieci, a dzieci za rodziców. Dzieci są Bożym darem i zadaniem dla swych rodziców, i dla nas wszystkich. Dobrzy rodzice są błogosławieństwem dla swych dzieci. Ich dobry przykład, który więcej znaczy niż słowa i rozkazy, bardziej kształtujc osobowość dziecka niż wszelkie wpływy otoczenia. Do rodziny odnosi się w szczególny sposób powiedzenie:
Wszystko zależy od błogosławieństwa Bożego,
którego sens oddaje w przybliżeniu staropolskie:
Bez Boga ani przez proga.

IV. Wie leben wir als Christen in der Welt?

IV. Jak żyjemy jako chrześcijanie na tym świecie?

Gülnihal Lebensmittel
GIDA PAZARI

DAS BILD DES CHRISTLICHEN MENSCHEN

Wenn alle Menschen gläubig wären und ihren Glauben wirklich lebten – was wäre dann?

Dann gingen wir allesamt brüderlich und schwesterlich miteinander um; wir suchten den Frieden; wir würden einander helfen und keinen ungerecht behandeln. Ein gutes Stück des Unheils in dieser Welt wäre verschwunden. Es gäbe weniger Angst, weniger Hoffnungslosigkeit, weniger Verlassenheit, weniger Zwietracht in ihr. Sie wäre immer noch kein Paradies, aber sie wäre „menschenwürdiger". Sie entspräche mehr dem Reich Gottes.
Freilich, das ist eine immer wieder geträumte Utopie, daß der Mensch dem Menschen ein Freund wird ... Aber nach wie vor sind Menschen eigensüchtig, rücksichtslos, ungerecht, unfriedlich. Der Mensch kann dem Menschen ein Wolf sein, und Christen können unchristlich miteinander umgehen.
Darum kann es nicht anders sein, als daß wirkliche Christen in dieser Welt auffallen: sie sind anders. Von ihnen geht Friede aus. Sie bringen Zuversicht und Hoffnung, und sie werden für andere zum Anstoß, zum Zeichen des Widerspruchs. Darin werden sie Christus ähnlich.

Worin unterscheidet sich der Christ?

Der Christ hat sich in die Nachfolge Jesu Christi begeben mitten in dieser Welt.
Diesen Weg hat er begonnen durch Glaube und Taufe. Der Erwachsene, der umkehrt und der zum Glauben kommt, besiegelt die Umkehr durch die Taufe, den sakramentalen Anschluß an Jesus Christus. In der gläubigen Familie werden die Kinder frühzeitig in den Lebensbereich mit Jesus Christus hineingetauft.
Die Nachfolge Christi verwirklicht sich in den drei göttlichen Tugenden *Glaube, Hoffnung und Liebe;* sie baut auf den vier menschlichen Grundtugenden auf: *Klugheit, Gerechtigkeit, Tapferkeit, Zucht und Maß.*
Diese vier heißen *Kardinaltugenden* (Cardo = die Türangel; alles dreht sich um sie).

Co byłoby, gdyby wszyscy ludzie wierzyli i według wiary życie swe układali?

Zapanowałoby powszechne braterstwo, szukalibyśmy pokoju, pomagaliśmy sobie wzajemnie i nikogo niesprawiedliwie byśmy nie traktowali. W ten sposób zniknęłoby wiele zła z tego świata. Byłoby też mniej strachu, beznadziejności, opuszczenia i niezgody. Świat nie stałby się jeszcze rajem, ale byłby bardziej ludzki i bardziej odpowiadałby ideałom królestwa Bożego.
Niestety nasze odwieczne marzenie o powszechnej przyjaźni między ludźmi jest utopią. Zamiast tego panuje, jak przedtem, egoizm, bezwzględność, niesprawiedliwość, wojna. Człowiek jest wilkiem dla drugiego człowieka, a i chrześcijanie potrafią wcale nie po chrześcijańsku innych traktować.
Nie może jednak być inaczej, dopóki prawdziwi chrześcijanie nie pokażą, że są inni. Od nich musi wyjść pokój i nadzieja. Oni stać się mają dla innych pobudką i znakiem sprzeciwu zarazem. Przez to staną się podobni do Chrystusa.

Czym odróżnia się chrześcijanin od innych ludzi?

Życie chrześcijanina na tym świecie jest naśladowaniem Chrystusa. Jego droga rozpoczyna się chrztem świętym. Człowiek, który się nawraca i dochodzi do wiary, przypieczętowuje swoje nawrócenie chrztem – sakramentalnym włączeniem w Chrystusa. W chrześcijańskich rodzinach chrzci się dzieci wkrótce po urodzeniu, stąd ich życie z Chrystusem rozpoczyna się o wiele wcześniej.
Naśladowanie Chrystusa dokonuje się w *wierze, nadziei i miłości* (cnoty Boskie) i buduje na czterech podstawowych cnotach ludzkich, zwanych kardynalnymi (*cardo* oznacza w łacinie zawias). Są nimi: *roztropność, sprawiedliwość, męstwo i wstrzemięźliwość.*

GLAUBE, HOFFNUNG UND LIEBE
– wieso sind das „göttliche Tugenden"?

Das Wort Tugend kommt von taugen. Wenn wir Glaube, Hoffnung und Liebe als die drei göttlichen Tugenden bezeichnen, so heißt das: Es sind die gottgeschenkten Fähigkeiten, die uns ein christliches Leben überhaupt erst ermöglichen; uns dafür „tauglich" machen. Wir sollen um diese Fähigkeiten bitten, weil wir sie aus eigener Kraft nicht besitzen und aus ihnen zu leben vermögen.

Im Glauben gewahren wir die Wirklichkeit Gottes, werden berührt, durchdrungen und überzeugt von seinem Wort und ergreifen seine Gnade. Wir geben damit Gott, was ihm zukommt: unser Vertrauen, unsere Ehrfurcht und Anbetung. Wir lernen dem Leben trauen, weil Gott es mit uns lebt.

Der Glaube ist der Anfang und „die Wurzel der Rechtfertigung" – daß nämlich der Mensch vor Gott in die rechte Verfassung kommt. „Ohne Glauben ist es unmöglich, Gott zu gefallen." (Hebr 11,6)

Aus dem Glauben erwächst die Hoffnung auf Gott und blüht die Liebe zu ihm auf, die auch den Nächsten einschließt.
Sinnbild des Glaubens ist *das Kreuz Christi.*

Die Hoffnung ist die über die natürlichen Kräfte des menschlichen Herzens hinausgehende Zuversicht, daß es mit unserem Leben und mit der Welt, die Gott geschaffen hat, ein gutes Ende nehmen wird, was immer auch geschehen mag. Sie verankert sich in der in Christus geoffenbarten Zuneigung und Barmherzigkeit Gottes des Vaters für uns Menschen und baut so nicht nur in dieser Welt auf die Treue und Vergebung Gottes, sondern reicht hinüber ins ewige Leben.
Sinnbild der Hoffnung ist *der Anker.*

WIARA, NADZIEJA I MIŁOŚĆ
– dlaczego nazywamy je „cnotami Boskimi"?

Wiarę, nadzieję i miłość nazywamy cnotami Boskimi, bo są one przez Boga danymi uzdolnieniami, bez których życie chrześcijańskie w ogóle nie byłoby możliwe. Jako że nie możemy ich zdobyć dzięki własnym wysiłkom, winniśmy się o nie modlić.

Poprzez *wiarę* dostrzegamy rzeczywistość Boga i osiągamy Jego łaskę. Wiara przekonuje nas o słuszności Bożego słowa, które nas dotyka i przenika. Dzięki niej możemy oddać Bogu, co się Jemu należy: naszą ufność, cześć i uwielbienie. Dzięki niej możemy ufać życiu, bo Bóg je z nami dzieli.

Wiara jest początkiem i korzeniem usprawiedliwienia. „Bez wiary nie można się Bogu podobać." (Hbr 11,6)

Z wiary wyrasta zaufanie do Boga i miłość ku Niemu, w której zawarta jest miłość ku bliźniemu.
Symbolem wiary jest *Krzyż Chrystusa.*

Nadzieja jest przekraczającym naturalne możliwości ludzkiego poznania przekonaniem, że niezależnie od tego, co może się stać, naszemu życiu i stworzonemu przez Bogu światu, nie zagraża ostateczna zguba. Zakotwiczona jest ona w objawionej nam przez Chrystusa życzliwości i miłosierdziu Boga Ojca do ludzi i pozwala wierzyć, że wierność i przebaczenie Boże okazywane ludziom na tym świecie, sięgają aż po życie wieczne.
Symbolem nadziei jest *kotwica.*

Die Liebe ist die Antwort des gläubigen Herzens auf die Größe und Güte Gottes. Sie ist „ausgegossen in unsere Herzen“ durch den Gottesgeist und macht uns fähig, an der Gesinnung Gottes zu unseren Mitmenschen teilzuhaben: ja zu ihnen zu sagen, ihr Heil zu wünschen und zu fördern. Die Liebe ist die höchste christliche Tugend; so besingt sie Paulus im Hohen Lied der Liebe. Der Glaube geht einst ins Schauen über, die Hoffnung in Erfüllung und Besitz, die Liebe aber bleibt ewig.
Sinnbild der Liebe ist *das Herz*.

Die drei göttlichen Tugenden

O mein Gott und Herr!
Ich glaube alles, was du geoffenbart hast
und durch deine heilige Kirche uns zu glauben lehrst,
weil du der wahrhafte Gott bist.
Vermehre, o Gott, meinen Glauben!

O mein Gott und Herr!
Ich hoffe von dir die Verzeihung meiner Sünden,
deine Gnade und endlich die ewige Seligkeit,
weil du, o gütiger und getreuer Gott,
dieses alles versprochen hast.
Stärke, o Gott, meine Hoffnung!

O mein Gott und Herr!
Ich liebe dich von ganzem Herzen und über alles,
weil du der unendlich gute Gott bist.
Aus Liebe zu dir liebe ich auch meinen Nächsten wie mich selbst.
Entzünde meine Liebe!

Miłość jest odpowiedzią wierzącego serca na wielkość i dobroć Boga. Jest ona „rozlana w naszych sercach przez Ducha Świętego" i uzdalnia nas po myśli Boga do miłości bliźniego. Św. Paweł opiewa ją w Hymnie o miłości jako najwyższą z cnót chrześcijańskich. Wiara ustąpi kiedyś oglądaniu Boga twarzą w twarz; nadzieja przejdzie w spełnienie i posiadanie; miłość będzie trwać na wieki. Symbolem miłości jest *serce*.

Wierzę w Ciebie Boże żywy, w Trójcy jedyny prawdziwy,
wierzę w coś objawił, Boże, Twe słowo mylić nie może.

Ufam Tobie, boś Ty wierny, wszechmocny i miłosierny,
Dasz mi grzechów odpuszczenie, łaskę i wieczne zbawienie.

Boże, choć Cię nie pojmuję, jednak nad wszystko miłuję,
nad wszystko, co jest stworzone, boś Ty dobro nieskończone.

DIE KARDINALTUGEND DER KLUGHEIT

Arbeit und Freizeit, allein sein und mit anderen zusammen sein, daheim sein und auswärts sein – in aller Vielfalt unseres alltäglichen Lebens müssen wir uns immer wieder entscheiden, was wir tun und lassen, wie wir uns verhalten sollen. Ob unser Leben Sinn hat, ob wir für andere hilfreiche und wertvolle Entscheidungen treffen, ob wir selber über unser Tun und Lassen reuelos glücklich sein können – das alles ergibt sich aus der Summe unserer alltäglichen Verhaltensweisen.

Wie können wir immer wieder richtig entscheiden? Was ist die Voraussetzung für rechtes Handeln?

Wir werden unsere Urteile aus der Erkenntnis der Wirklichkeit sachgerecht fällen oder uns im Falle von Unkenntnis und Zweifel recht beraten lassen.

Darin besteht die Tugend der Klugheit.

- Sie hat nichts zu tun mit der Schlauheit oder Gerissenheit des „klugen" Erfolgsmenschen, denn sie ist selbstlos und sieht nicht nur auf den eigenen Vorteil. Sie hat immer die anderen, die Mitmenschen, wohlwollend und fair im Auge.
- Sie verhilft uns zum richtigen Spruch unseres Gewissens, weil sie sich an der vom Glauben erleuchteten Erkenntnis der Wirklichkeit orientiert.
- Sie sieht die richtigen Maßstäbe, um gerecht handeln zu können; sie zeigt uns die Gefahren, die wir tapfer bestehen müssen; sie hält uns zurück vor maßlosem oder zuchtlosem Tun, das uns und andere zerstören würde.

Eine Lebensweisheit lautet: Was du auch tust, handle klug, und bedenke das Ende!

Schon im Alten Testament steht:

Was du nicht willst, daß man dir tu', das füg auch keinem andern zu!

Manchmal sind wir im Zweifel, wie wir uns entscheiden sollen. Dann müssen wir gründlich nachdenken, gute Menschen um Rat fragen und zu Gott beten. Unser Gewissen muß so gebildet und erleuchtet werden.
Wer tut, was sein Gewissen ihm sagt, handelt richtig. Selbst wenn sich später zeigen sollte, daß er sich getäuscht hat, so hat er doch vor Gott nicht falsch gehandelt. Gott will, daß wir unserem Gewissen folgen.
Ohne die Klugheit, die aus Vernunft und Glauben urteilt, kann keiner gut und gewissenhaft handeln.
Ein bekannter Spruch des heiligen Don Bosco zeigt, daß die Klugheit mit der Fröhlichkeit gepaart sein sollte. Er empfiehlt:

Fröhlich sein, Gutes tun und die Spatzen pfeifen lassen.

KARDYNALNA CNOTA ROZTROPNOŚCI

Pracując czy odpoczywając, w samotności czy wśród ludzi, w domu czy poza nim – w różnych sytuacjach życia codziennego, musimy się wciąż decydować, jak postępować, co robić, a czego unikać. Od sposobu naszego postępowania zależy dobro innych, nasze osobiste szczęście i w gruncie rzeczy sens naszego życia.

W jaki sposób możemy podejmować słuszne decyzje?
Co jest warunkiem właściwego postępowania?

Słuszne decyzje można podejmować jedynie na podstawie znajomości stanu rzeczy. Nie znając go albo mając wątpliwości, zasięgamy rady u innych.

Oto treść cnoty roztropności:

- Roztropność nie ma nic wspólnego z chytrością albo przebiegłością „cwaniaków", bo jest ona bezinteresowna i nie szuka tylko własnych korzyści, lecz kieruje się dobrem bliźniego.
- Roztropność pozwala nam zachować spokój sumienia, bo orientuje się według oświeconej przez wiarę znajomości rzeczy.
- Roztropność wskazuje nam normy sprawiedliwego postępowania, ostrzega przed niebezpieczeństwami i powstrzymuje przed niepohamowanymi, wyuzdanymi czynami, szkodzącymi nam i innym.

Jedna z mądrości życiowych brzmi: Cokolwiek czynisz, czyń to roztropnie i bacz co z tego wyniknie.

Już w Starym Testamencie napisano:
Nie czyń drugiemu, co tobie niemiłe.

Niekiedy trudno nam podjąć decyzję. W takim wypadku trzeba gruntownie sprawę na nowo przemyśleć, zasięgnąć rady dobrych ludzi i prosić Boga w modlitwie o pomoc. W ten sposób kształci się i rozjaśnia sumienie.
Kto czyni to, co mu nakazuje sumienie, postępuje właściwie. Nawet gdyby później się okazało, że się pomylił, jest wobec Boga w porządku. Bóg bowiem chce, byśmy szli za głosem sumienia. Bez roztropności, która opiera się na rozsądku i wierze, nie można dobrze i sumiennie postępować.
Według znanego powiedzenia św. Jana Bosko roztropność winna iść w parze z radością. Święty zaleca:
Być wesołym, czynić dobro i pozwalać wróblom ćwierkać.

Gerecht nennt die Bibel einen Menschen, der vor Gott recht handelt, d. h. die Weisungen Gottes befolgt. Gerecht nennt unser Sprachgebrauch einen Menschen, der seinen Mitmenschen das Ihre gibt und gönnt, also fair mit ihnen umgeht, und im Zusammenleben der Menschen Recht und Gesetz beachtet. Das schließt ein, daß er sich nicht zum Nachteil anderer ungerechte Vorteile herausnimmt, daß er die Würde seiner Mitmenschen achtet und zum Gelingen des menschlichen Zusammenlebens beiträgt.

Der biblische und der alltägliche Sprachgebrauch schließen einander nicht aus. Der Christ darf sagen: Wer vor Gott recht sein will, muß auch mit den Menschen gerecht sein.

Die Tugend der Gerechtigkeit ist die Fähigkeit, ja die Kunst, mit den anderen Menschen in Einklang zu leben. Sie gibt die Antwort auf die Frage: *Wie können wir miteinander friedlich umgehen?*

Die Gerechtigkeit steht im Widerspruch zur Selbstsucht des Einzelnen wie von Gruppen und Völkern. Wahre Selbstliebe ist nicht Egoismus, sondern schließt Gerechtigkeit und Solidarität mit anderen, besonders den Notleidenden und Unterdrückten, mit ein.

Die Gerechtigkeit ist schwierig; sie soll das Leben des Einzelnen bestimmen im Umgang mit seinen unmittelbaren Nächsten in Familie und Arbeitswelt wie auch in Staat und Gesellschaft. Sie soll das Handeln des Staates bestimmen gegenüber seinen Bürgern, aber auch den Umgang der Gemeinschaft der Völker und Staaten untereinander. Überall gilt das Prophetenwort, das sich Papst Pius XII. zum Wahlspruch gewählt hatte:

Opus iustitiae pax – Gerechtigkeit schafft Frieden.

Die große Vision des Friedens für alle Völker hat der Prophet Jesaja schon im Alten Testament in die Worte gefaßt:

> Wenn aber der Geist aus der Höhe über uns ausgegossen wird, dann wird die Wüste zum Garten, und der Garten wird zu einem Wald. In der Wüste wohnt das Recht, die Gerechtigkeit weilt in den Gärten.
> Das Werk der Gerechtigkeit wird der Friede sein,
> der Ertrag der Gerechtigkeit sind Ruhe und Sicherheit für immer.
> Mein Volk wird an einer Stätte des Friedens wohnen,
> in sicheren Wohnungen, an stillen und ruhigen Plätzen.

Jes 32,15–18

KARDYNALNA CNOTA SPRAWIEDLIWOŚCI

Prawym nazywa Biblia człowieka, który postępuje właściwie wobec Boga, to znaczy żyje według Jego przykazań. Sprawiedliwym w naszym odczuciu językowym jest ten, który bliźniemu dobrze życzy i oddaje co mu się należy, a więc postępuje wobec niego fair i zachowuje prawo w stosunkach międzyludzkich. Oznacza to równocześnie, że nie szuka on własnych korzyści ze szkodą dla innych, lecz szanuje godność drugiego człowieka i współpracuje dla dobra społeczności.
Biblijne i językowe pojęcie sprawiedliwości nie wykluczają się wzajemnie. Dewizą chrześcijanina winno być: Kto chce być sprawiedliwy wobec Boga, ten musi być również sprawiedliwy wobec ludzi. Cnota sprawiedliwości jest zdolnością, więcej jeszcze – sztuką harmonijnego życia z bliźnimi. Daje nam ona odpowiedź na pytanie:

Jak żyć w pokoju między sobą?

Sprawiedliwość jest zaprzeczeniem egoizmu jednostkowego, grupowego i narodowego. Dobrze pojęta miłość własna nie jest egoizmem, gdyż jest w niej miejsce na sprawiedliwość i solidarność z innymi, szczególnie biednymi i uciśnionymi. Niełatwo być sprawiedliwym. Sprawiedliwość powinna cechować życie jednostki w stosunku do najbliższych w rodzinie, w zakładzie pracy, w państwie i społeczeństwie. Powinna ona również regulować działania państwa wobec obywateli i stosunki międzynarodowe. Wszędzie powinno być aktualne słowo Proroka, które stało się zawołaniem papieża Piusa XII:

Opus iustitiae pax – Pokój jest dziełem sprawiedliwości.

Zachwycającą wizję pokoju między wszystkimi narodami znajdujemy już w Starym Testamencie u proroka Izajasza:

> Wreszcie zostanie wylany na nas Duch Jahwe z wysokości. Wtedy pustynia stanie się sadem, a sad za las uważany będzie. Na pustyni osiądzie prawo, a sprawiedliwość zamieszka w sadzie.
> Dziełem sprawiedliwości będzie pokój, a owocem prawa – wieczyste bezpieczeństwo. Lud mój mieszkać będzie w stolicy pokoju, w mieszkaniach bezpiecznych, w zacisznych miejscach wypoczynku.

Iz 32,15–18

Keiner darf zu schwach oder zu feig sein, seinen Überzeugungen, seinem Glauben, seinen Einsichten in das Wahre und Gute zu folgen. Der Mut, sich seines Verstandes zu bedienen und seinem Gewissen zu folgen, gehört zur Reife und zur Würde des Menschen.
Aber der Verwirklichung des Guten stellen sich im Leben vielerlei Hindernisse entgegen: schlechte Beispiele; eine vielleicht verkehrte öffentliche oder veröffentlichte Meinung; Druck und Bedrohung von seiten mächtiger Gruppen und anderes mehr. Solchen Widerständen zu widerstehen, ihnen gegenüber standzuhalten, mutig ihnen entgegenzutreten – das leistet die Tugend der Tapferkeit. Sie erst ermöglicht ein Leben gemäß den Forderungen von Wahrheit, Recht und Gewissen.
Die Tugend der Tapferkeit ist die Antwort auf die Frage: *Was verlangt das Festhalten an Recht und Gerechtigkeit?*
Vielfach wird dafür das Wort *Zivilcourage* gebraucht – ein Fremdwort in der deutschen Sprache; es darf nicht der Sache nach etwas Fremdes oder Seltenes bleiben im Leben eines Christen.
Der Christ muß bereit sein, für die Wahrheit und für die Verwirklichung der Gerechtigkeit Schwierigkeiten und Leiden auf sich zu nehmen; ja wenn es sein muß, den Tod.

Herr, mach mich zu einem Menschen, der dankbar, selbstlos und gelassen die Welt und die Dinge sehen kann, wie sie sind. Dann werde ich offen sein für das Gute, das du mir durch mein Gewissen zeigst, und werde zurückweisen, was mich zum Bösen verleiten könnte.

Nikomu nie wolno być aż tak słabym czy tchórzliwym, by zapierać się wiary oraz własnych poglądów na prawdę i dobro. Odwaga używania własnego rozumu i postępowania według swego sumienia jest oznaką dojrzałości i godności człowieka.
Liczne przeszkody utrudniają nam realizowanie dobra w życiu. Należą do nich między innymi: zły przykład, błędna opinia publiczna, nacisk i groźby wpływowych ugrupowań i wiele innych czynników.
Cnota męstwa uzdalnia nas do opierania się tym przeszkodom i do ich zwalczania. Dzięki niej dopiero możliwe jest życie w prawdzie, zgodne z prawem i sumieniem.
Cnota męstwa jest odpowiedzią na pytanie:

Czego wymaga od nas trwanie w prawdzie i sprawiedliwości?

Częstokroć mówi się zamiast o cnocie męstwa o *odwadze cywilnej.* W rzeczy samej nie powinna być ona czymś obcym albo rzadkim w życiu chrześcijańskim.
Chrześcijanin musi być gotowy do znoszenia trudności i cierpień w imię prawdy i sprawiedliwości, a nawet do ofiary z własnego życia.

Panie, uczyń ze mnie człowieka, który wdzięcznie, bezinteresownie i spokojnie widzi świat i rzeczy takimi, jakimi one rzeczywiście są. Wtedy będę mógł się otworzyć na dobro, które Ty mi przez moje sumienie wskazujesz i zwalczać wszystko, co mogłoby mnie skłaniać do złego.

DIE KARDINALTUGEND VON ZUCHT UND MASS

Es gibt Gefahren, die aus uns selber kommen – wie können wir uns dagegen wappnen?

Durch ein maßloses Habenwollen, Genießenwollen und Geltenwollen würden wir uns selbst zerstören: unsere Würde als Person, unser Ansehen bei den Menschen, unsere mitmenschlichen Beziehungen, unsere Gesundheit, unser Leben.

Die Verwirklichung des Guten in unserem Leben ist nicht nur von anderen her bedroht, sondern auch von uns selber. Wir könnten zum Sklaven unserer Triebe werden, zu einem Süchtigen, zu einem Zerrbild des rechten Menschen. Wir verlören unsere innere Freiheit.

Die Antwort auf diese Bedrohungen des Menschen gibt die Tugend von Zucht und Maß.

„In einer durch schale Genußsucht gekennzeichneten Umwelt kommt der Erziehung und Selbsterziehung zur Lauterkeit ein besonderes Gewicht zu." (Josef Pieper)

Darum spricht Josef Pieper von der „Würde und Notwendigkeit von Zucht und Maß", von der „strahlenden Gültigkeit von Reinheit".

In unserer von der Werbung, von Konsumanreizen und verführerischen Modeerscheinungen geprägten Zeit ist die Tugend von Zucht und Maß vom einzelnen nicht kampflos zu verwirklichen. Von daher haben die Zeiten von *Advent* und *Fastenzeit* mit ihrem Appell, sich persönlich auf die hohen Feste der Christenheit vorzubereiten, auch eine neue aktuelle Bedeutung erhalten. Die Freiheit von Abhängigkeiten im Haben-, Genießen- und Geltenwollen soll uns zu größerer Freiheit für das Wahre und Gute, für Gott und seinen Willen führen. Dazu können auch die beiden Hilfswerke mit ihren Informationen und Aufrufen verhelfen, die als *„Adveniat"* und *„Misereor"* in unserem Lande uns zu weltweiter Mitverantwortung auffordern. Aber unser ganzer Lebensstil soll von Zucht und Maß geprägt sein, im Essen und Trinken, im Freitagsopfer, in der zurückhaltenden Aufwendigkeit unseres Alltagslebens, in der Gestaltung unserer Sonn- und Feiertage.

KARDYNALNA CNOTA WSTRZEMIĘŹLIWOŚCI

Istnieją niebezpieczeństwa, które tkwią w nas samych – jak można się przed nimi bronić?

Przez nieumiarkowaną żądzę posiadania, używania i znaczenia może człowiek zniszczyć własną godność osobistą, poważanie u innych, stosunki międzyludzkie, swoje zdrowie, słowem – samego siebie. Własne żądze, a nie tylko inni ludzie, zagrażają realizacji dobra w naszym życiu. Kto im ulega, może stać się ich niewolnikiem, nałogowym grzesznikiem, karykaturą człowieka i stracić wewnętrzną wolność. *Cnota wstrzemięźliwości* uzdalnia nas do przeciwstawiania się tym zagrożeniom.

„W społeczeństwie, charakteryzującym się pospolitą żądzą używania, szczególnie ważne jest wychowanie i samowychowanie do prawości" – powiada Józef Pieper, podkreślając „godność i konieczność wstrzemięźliwości".

W naszych czasach, tak pełnych reklamy, konsumpcyjnych podniet i zwodniczych mód, nie da się ich osiągnąć bez walki. Stąd nowego znaczenia nabrały tradycyjne okresy Adwentu i Wielkiego Postu z ich wymaganiem osobistego przygotowania na wielkie święta chrześcijańskie. Wolność od żądz posiadania, używania i znaczenia umożliwia człowiekowi otwarcie się na prawdę i dobro, na Boga i Jego świętą wolę. Ogromną pomocą mogą nam w tym być dwa wielkie dzieła kościelne *Adveniat* i *Misereor,* które przez swe informacje i apele wzmagają w nas poczucie odpowiedzialności za losy mieszkańców Trzeciego Świata. Nasze całe życie powinny cechować: umiarkowanie w jedzeniu i piciu, zachowywanie wstrzemięźliwości piątkowej, skromny tryb życia codziennego i właściwe obchodzenie niedziel i świąt.

DIE ZEHN GEBOTE – EINST

Warum gibt es die Zehn Gebote?

Gott stellt sich im Alten Testament vor als der Retter und Erlöser des Volkes Israel aus dem Sklavendasein in Ägypten. In seiner Sorge um sein Volk gibt er ihm auch Weisungen zum Leben. Das sind die Zehn Gebote. Sie bilden in den Mosebüchern die *Grundlage des Bundes zwischen Gott und seinem Volk*. Er gibt sie ihm aus Liebe, als Weisungen und Lebensregeln zum Heil des Volkes. Wer diese Weisungen mißachtet und ihre Wege verläßt, der verläßt den Weg des Lebens und mißachtet den Bund mit Gott und zieht auf das Volk – nicht nur auf sich selber – Unheil herab.
Im Volk Israel wurden später viele Bestimmungen um die Gebote herum festgelegt, ein „Zaun des Gesetzes", der vor Übertretungen bewahren sollte. Jesus schied deutlich von dem Willen Gottes, der sich in den Geboten Gottes ausdrückt, das „Menschenwerk", das sich darum gelegt hatte. Er will, daß die Menschen mit Herz und Willen Gott gehören und sich ihm hingeben. Eine Kurzfassung der Zehn Gebote lautet:

Ich bin der Herr, dein Gott, der dich erlöst und dich befreit hat.

1. Du sollst neben mir keine anderen Götter haben.
2. Du sollst den Namen Gottes nicht mißbrauchen.
3. Gedenke des Sabbats: halte ihn heilig!
4. Ehre deinen Vater und deine Mutter!
5. Du sollst nicht morden.
6. Du sollst nicht die Ehe brechen.
7. Du sollst nicht stehlen.
8. Du sollst nicht falsch gegen deinen Nächsten aussagen.
9. Du sollst nicht nach der Frau deines Nächsten verlangen.
10. Du sollst nicht nach dem Haus deines Nächsten verlangen.

vgl. Exodus 20,1–17

Durch die Zehn Gebote bereitete Gott die Menschen vor auf die Freundschaft mit ihm selbst und auf die Eintracht mit dem Nächsten. Das alles war nützlich für den Menschen; Gott selbst brauchte von alledem nichts. Den Menschen machte er herrlich und verlieh ihm, was ihm fehlte: die Freundschaft Gottes. Das Volk gab Gott nichts; denn Gott braucht nicht einmal die Liebe der Menschen.

Irenäus von Lyon (gest. um 202)

Wähle also das Leben, damit du lebst, du und deine Nachkommenschaft. Liebe den Herrn, deinen Gott, hör auf seine Stimme und halte dich an ihm fest, denn er ist dein Leben.

Dtn 30,19–20

DZIESIĘĆ PRZYKAZAŃ BOŻYCH – KIEDYŚ

Skąd się wzięło dziesięć przykazań?

Bóg jawi się w Starym Testamencie jako wybawiciel narodu izraelskiego z niewoli egipskiej. W trosce o swój lud daje mu wskazówki, jak żyć – dziesięć przykazań. Przykazania te są w księgach Mojżeszowych podstawą przymierza między Bogiem i Izraelem. Bóg nadaje je z miłości jako wskazówki i życiowe reguły, prowadzące do zbawienia. Kto nie zachowuje przykazań, ten opuszcza drogę życia, lekceważy przymierze z Bogiem i ściąga na siebie i na swój naród nieszczęście.

W późniejszej historii Izraela opatrzono przykazania wieloma przepisami dodatkowymi, które jako „płot dla przykazań" miały je bronić przed ich łamaniem. Jezus wyraźnie odróżnia to dzieło ludzkie od woli Bożej zawartej w przykazaniach. Nasz Zbawiciel chce, by ludzie całym sercem i wolą do Boga należeli i Jemu się oddali. A oto skrócone brzmienie dziesięciu przykazań w ujęciu biblijnym:

Ja jestem Pan, twój Bóg, który cię wywiódł z ziemi egipskiej, z domu niewoli:

1. Nie będziesz miał bogów cudzych przede mną.
2. Nie będziesz brał Imienia Pana Boga twego nadaremno.
3. Pamiętaj, abyś dzień święty święcił.
4. Czcij ojca twego i matkę twoją.
5. Nie zabijaj.
6. Nie cudzołóż.
7. Nie kradnij.
8. Nie mów fałszywego świadectwa przeciw bliźniemu twemu.
9. Nie pożądaj żony bliźniego twego.
10. Ani żadnej rzeczy, która jego jest.

Wj 20,1–17

Przez dziesięć przykazań chciał Bóg przygotować ludzi na przyjaźń z sobą i pokój z bliźnimi. Przykazania były pożyteczne dla człowieka; Bóg ich nie potrzebował. Bóg wywyższył człowieka i ofiarował mu to, czego mu brakowało – przyjaźń z sobą. Lud nie dał Bogu niczego, bo Bóg niczego, nawet ludzkiej miłości nie potrzebuje.

Św. Ireneusz z Lyonu (zm. około 202 r.)

Wybieraj więc życie, abyś żył ty i twoje potomstwo. Kochaj Pana, twojego Boga, słuchaj Jego głosu, lgnij do Niego, bo On jest twoim życiem.

Pwt 30,19–20

DIE ZEHN GEBOTE – HEUTE

Was können die Zehn Gebote heute noch bedeuten?

Für den Christen bedeutet das erste Gebot:
Du sollst an Gott glauben, auf ihn hoffen und ihn über alles lieben. Du sollst Gott den ersten Platz einräumen in deinem Leben.
Für den Christen bedeutet das zweite Gebot:
Du sollst mit Ehrfurcht von Gott reden und seinen Namen nicht mißbrauchen. Du sollst in Ehrfurcht vor Gott leben.
Für den Christen bedeutet das dritte Gebot:
Du sollst mit der ganzen Kirche die Sonn- und Feiertage heilig halten.
Der Sonntag ist der Tag der Auferstehung Jesu Christi. Du sollst die heilige Messe mitfeiern und Gott durch Jesus Christus für das Opfer des Neuen Bundes danksagen.
Für den Christen bedeutet das vierte Gebot:
Du sollst deine Eltern ehren, lieben und ihnen in allen rechten Dingen gehorchen.
Du sollst als Mensch in der Gemeinschaft alle, die für dich eine Verantwortung tragen, achten und bereitwillig mit ihnen zusammenwirken.
Für den Christen bedeutet das fünfte Gebot:
Du sollst dein eigenes Leben und das Leben der Mitmenschen achten, es nicht unnötig in Gefahr bringen, nicht schädigen oder gar vernichten. Du sollst das Gebot der Nächstenliebe befolgen.
Für den Christen bedeutet das sechste und neunte Gebot:
Du sollst Ehrfurcht vor den geschlechtlichen Kräften haben. Du sollst dich selber in Zucht nehmen und die eheliche Treue bewahren.
Für den Christen bedeutet das siebte und zehnte Gebot:
Du sollst mit deinem Besitz sorgsam umgehen und dem Nächsten nach deinen Möglichkeiten helfen. Du sollst nicht stehlen, nicht neidisch sein auf den Besitz der anderen. Mit fremden Gütern sollst du gewissenhaft umgehen.
Für den Christen bedeutet das achte Gebot:
Du sollst in allem die Wahrheit sagen. Du sollst beim Reden über andere die Nächstenliebe nicht vergessen.

Alle Gebote Gottes sind zusammengefaßt in dem einen Hauptgebot:

Du sollst den Herrn, deinen Gott, lieben
und deinen Nächsten wie dich selbst!

Jesus gibt das „neue Gebot“:
Ihr sollt einander lieben, wie ich euch geliebt habe.

(Joh 15,12)

DZIESIĘĆ PRZYKAZAŃ BOŻYCH – DZISIAJ

Jakie znaczenie mają one dla współczesnego chrześcijanina?

Pierwsze przykazanie oznacza:
Wierz w Boga, ufaj Mu i kochaj Go ponad wszystko. Bogu powinieneś przyznać pierwsze miejsce w twoim życiu.
Drugie przykazanie oznacza:
Mów o Bogu z szacunkiem i nie nadużywaj Jego Imienia. Cześć Boża powinna cechować całe twoje życie.
Trzecie przykazanie oznacza:
Święć z całym Kościołem niedziele i święta. Niedziela jest dniem zmartwychwstania Jezusa Chrystusa. Bierz udział w niedzielnej Mszy świętej i dziękuj Bogu przez Jezusa Chrystusa za ofiarę Nowego Przymierza.
Czwarte przykazanie oznacza:
Czcij twych rodziców, kochaj ich i słuchaj we wszystkim, co prawe. Jako istota społeczna, poważaj wszystkich, którzy ponoszą za ciebie odpowiedzialność i bądź gotów do współpracy z nimi.
Piąte przykazanie oznacza:
Szanuj życie własne i bliźniego, nie narażaj go niepotrzebnie na niebezpieczeństwa, nie szkodź mu ani go nie niszcz. Wypełniaj przykazanie miłości bliźniego.
Szóste i dziewiąte przykazanie oznacza:
Otaczaj szacunkiem sprawy płci. Postępuj obyczajnie i zachowuj wierność małżeńską.
Siódme i dziesiąte przykazanie oznacza:
Gospodarz należycie swoim majątkiem i pomagaj bliźniemu w miarę swoich możliwości. Nie kradnij, nie zazdrość innym dobrobytu. Obchodź się sumiennie z obcymi rzeczami.
Ósme przykazanie oznacza:
Mów zawsze prawdę. Rozmawiając o innych, nie zapominaj o miłości bliźniego.

Wszystkie przykazania Boże zawarte są w jednym przykazaniu, które można nazwać głównym:

Będziesz miłował Pana Boga swego.
Będziesz miłował swego bliźniego jak siebie samego.

Pan Jezus nadaje nowe przykazanie:

To jest moje przykazanie, abyście się wzajemnie miłowali,
tak jak ja was umiłowałem.

J 15,12

DIE GEBOTE DER GOTTESVEREHRUNG

Die Ehrfurcht vor Gott ist eine verletzliche, zarte Pflanze – wir müssen sie schützen. Es ist mit ihr ähnlich wie mit der „Würde des Menschen“ – das Grundgesetz sagt zwar von ihr, sie sei unantastbar – aber täglich erleben wir an vielfältigen Ereignissen und Meldungen, wie sehr diese Würde antastbar ist – bis hin zur Vernichtung des menschlichen Lebens selber.
Nach christlicher Überzeugung kommt die Würde des Menschen von Gott. Wer die Ehrfurcht vor Gott verliert, wird sie leicht auch vor dem Bild Gottes, dem Menschen, verlieren.
Die Ehrfurcht vor Gott bedeutet für uns Menschen zunächst *Selbsterkenntnis:* Ich bin nicht Gott. Ich bin ein endliches, vergängliches Wesen in dieser Welt; nicht mächtig genug, die Welt wirklich von Grund auf zu bessern; nicht imstande, mich selbst von Illusionen, Haßgefühlen und Sünden freizuhalten. Ich bin vor Gott wenig und doch kein Nichts.
Die Ehrfurcht vor Gott bedeutet für uns Menschen darum *Dankbarkeit:* er hat uns alles gegeben: Leben, Umwelt, Freude, Glück, Aufgaben, die uns fordern, die Vergebung unserer Sünden.
Darum bedeutet die Ehrfurcht vor Gott auch die *Bereitschaft,* unser Leben verantwortlich zu führen. Er ist der Herr, wir sind die von ihm ins Dasein Gerufenen, zu Freude, Friede und Freundschaft mit ihm und unseren Mitmenschen Berufenen. Das schließt alle Fähigkeiten zum Guten ein, die er uns gibt und mit denen wir antworten können auf seinen Ruf.

Ehrfurcht vor Gott bedeutet:

- Ihm gläubig anhangen,
- ihm hoffend vertrauen,
- ihm liebend gehorchen und seinen Willen in der Welt tun.

Ehrfurcht vor Gott bedeutet:

- ihn anbeten,
- seinen Namen nicht mißbrauchen,
- die Würde Gottes und des Menschen hochachten.

Ehrfurcht vor Gott bedeutet:

- Vor ihm leben im Alltag,
- mit ihm leben im Gebet,
- ihn feiern und sich seiner freuen am Sonntag.

Cześć wobec Boga jest delikatną roślinką, którą tak łatwo uszkodzić. Trzeba ją zatem pielęgnować. Jest z nią podobnie, jak z godnością człowieka. Według konstytucji Republiki Federalnej Niemiec jest ona wprawdzie nienaruszalna, ale codzienne wydarzenia i doniesienia pouczają nas, jak bardzo bywa ona gwałcona – aż do unicestwienia ludzkiego życia.
Chrześcijanie są przekonani, że godność człowieka pochodzi od Boga. Kto nie czci Pana Boga, może łatwo stracić szacunek wobec człowieka stworzonego na Jego obraz i podobieństwo.
By Boga czcić, musi człowiek najpierw właściwie *ocenić samego siebie*. Nie będąc Bogiem, jestem tylko skończonym, przemijającym bytem, niezdolnym ani do gruntownej reformy świata, ani do wyzwolenia się z iluzji, nienawiści czy grzechu. Tak niewiele znaczę przed Bogiem, ale nie jestem przecież niczym. Dlatego cześć wobec Boga oznacza dla nas ludzi zarazem *wdzięczność* za wszystko, czym On nas obdarzył, a więc za: życie, świat, radość, szczęście, obowiązki, przebaczenie grzechów.
Ze czci wobec Boga wynika *gotowość do prowadzenia życia odpowiedzialnego*. On jest Panem, my – Jego stworzeniami, powołanymi do radości, pokoju i przyjaźni z Nim i bliźnimi. On obdarza nas zdolnościami czynienia dobra, abyśmy mogli uczynić zadość naszemu powołaniu.

Cześć wobec Boga oznacza:

- oddać się Bogu w wierze;
- kochając Go, posłusznie spełniać Jego wolę na tym świecie.

Cześć wobec Boga oznacza:

- uwielbiać Boga;
- nie nadużywać Jego imienia;
- szanować godność Boga i człowieka.

Cześć wobec Boga oznacza:

- odczuwać Jego obecność w życiu codziennym,
- jednoczyć się z Nim w modlitwie,
- składać Mu cześć i cieszyć się Nim w niedzielę.

Psalm 8

Herr, unser Herrscher, / wie gewaltig ist dein Name auf der ganzen Erde; / über den Himmel breitest du deine Hoheit aus.
Aus dem Mund der Kinder und Säuglinge schaffst du dir Lob, / deinen Gegnern zum Trotz; / deine Feinde und Widersacher müssen verstummen.
Seh' ich den Himmel, das Werk deiner Finger, / Mond und Sterne, die du befestigt:
Was ist der Mensch, daß du an ihn denkst, / des Menschen Kind, daß du dich seiner annimmst?
Du hast ihn nur wenig geringer gemacht als Gott, / hast ihn mit Herrlichkeit und Ehre gekrönt.
Du hast ihn als Herrscher eingesetzt über das Werk deiner Hände, / hast ihm alles zu Füßen gelegt:
All die Schafe, Ziegen und Rinder / und auch die wilden Tiere,
die Vögel des Himmels und die Fische im Meer, / alles, was auf den Pfaden der Meere dahinzieht.
Herr, unser Herrscher, / wie gewaltig ist dein Name auf der ganzen Erde!

Die Kirche betet:

Heiliger Gott, gib, daß wir deinen Namen allezeit fürchten und lieben. Denn du entziehst keinem deine väterliche Hand, der fest in deiner Liebe verwurzelt ist.

(Meßbuch)

Psalm 8

O Panie, nasz Boże,
jak przedziwne Twe imię po wszystkiej ziemi!
Tyś swój majestat wyniósł pod niebiosa.
Sprawiłeś, że nawet usta dzieci i niemowląt oddają Ci chwałę,
na przekór Twym przeciwnikom, aby poskromić nieprzyjaciela
i wroga.
Gdy patrzę na Twe niebo, dzieło Twych palców,
księżyc i gwiazdy, któreś Ty utwierdził;
czym jest człowiek, że o nim pamiętasz,
i czym syn człowieczy, że się nim zajmujesz?
Uczyniłeś go niewiele mniejszym od istot niebieskich,
chwałą i czcią go uwieńczyłeś.
Obdarzyłeś go władzą nad dziełami rąk Twoich;
złożyłeś wszystko pod jego stopy;
owce i bydło wszelakie, a nadto i polne stada,
ptactwo powietrzne oraz ryby morskie,
wszystko, co szlaki mórz przemierza.
O Panie, nasz Panie,
jak przedziwne Twe imię po wszystkiej ziemi!

Kościół modli się:

Święty Boże, spraw, byśmy Twego imienia zawsze się lękali i je kochali. Ty bowiem nie odmawiasz ojcowskiej opieki tym, którzy mocno są zakorzenieni w Twojej miłości.

Mszał

Ähnlichkeiten mit den Zehn Geboten lassen sich finden in der Formulierung der *Menschenrechte* gemäß der Charta der Vereinten Nationen sowie im *Grundgesetz* der Bundesrepublik Deutschland. Denn die Werte, die die Zehn Gebote schützen, sind immer und überall für die Menschen von höchstem Wert: das Leben, die Ehe und Familie, das Eigentum, Ehre und Ansehen.
Die Zehn Gebote erweisen sich darum im Licht des Evangeliums und der kirchlichen Soziallehre als Ansatzpunkte einer „neuen moralischen Besorgtheit, vor allem hinsichtlich der großen Menschheitsprobleme wie der Entwicklung und des Friedens“ (Papst Johannes Paul II. in „Die soziale Sorge der Kirche“ Nr. 26). Denn die künftige Entwicklung der Welt muß sich „im Rahmen von *Solidarität und Freiheit* vollziehen, ohne jemals die eine oder die andere, unter welchem Vorwand auch immer, zu opfern“ (Nr. 33).

Damit sind die beiden Worte genannt, die unser menschliches Zusammenleben im Kleinen wie im Großen erleuchten und leiten:

Solidarität – wir müssen miteinander die Aufgaben sehen, beurteilen und meistern, die uns in der Welt aufgegeben sind. Solidarität ist „die feste und beständige Entschlossenheit, sich für das Gemeinwohl einzusetzen, d. h. für das Wohl aller und eines jeden, weil wir alle für alle verantwortlich sind“ (Nr. 38).
Freiheit – wir müssen es tun in der Achtung voreinander und in der gegenseitigen Liebe, die einander jede berechtigte Freiheit läßt und sichert. „Die Freiheit, zu der Christus uns befreit hat (Gal 5,1) spornt uns an, uns zu Dienern aller zu bekehren.“ (Nr. 46)
Beides verlangt von uns die gottgegebene *Würde des Menschen,* die ohne Solidarität miteinander und ohne gegenseitig gewährte Freiheit nicht gewahrt ist.
Bausteine zu einer solchen *„Zivilisation der Liebe“* sind die Gebote Gottes im Licht des Beispiels und der Lehre Jesu Christi.

- Das *vierte Gebot* weist auf die Pflicht hin, die die Eltern gegenüber ihren Kindern und die Kinder gegenüber ihren Eltern haben. Es schließt die Pflichten aller gegenüber den rechtmäßigen Autoritäten in Gesellschaft, Staat und Kirche ein.
- Das *fünfte Gebot* untersagt die ungerechtfertigte, verbrecherische Tötung des Menschen – den Mord. Es will das Leben des unschuldigen Menschen schützen. Keiner darf, aus welchen Gründen auch immer, sich das Recht anmaßen, anderen Menschen gegenüber Gewalt und Terror anzuwenden. Die staatliche Gemeinschaft darf gegen Rechtsbrecher physische Gewalt anwenden, der einzelne darf dies nur im Fall der Notwehr. Die Bundesrepublik Deutschland hat nach den vielen ungerechtfertigten Hinrichtungen während der Zeit des Dritten Reiches die vom Gericht zu

PRZYKAZANIA DOTYCZĄCE LUDZKIEGO WSPÓŁŻYCIA

Podobieństwa do Dziesięciu Bożych Przykazań możemy znaleźć w sformułowaniach *Praw Człowieka,* zgodnych z Kartą Narodów Zjednoczonych, i w konstytucji Republiki Federalnej Niemiec. Wartości bowiem, strzeżone przez przykazania, jak: życie, małżeństwo i rodzina, własność osobista, honor i dobre imię, są zawsze i wszędzie wartościami dla człowieka najwyższymi.
Przykazania Boże jawią się stąd w świetle Ewangelii i nauki społecznej Kościoła jako punkty wyjścia nowej troski moralnej, dotyczącej przede wszystkim wielkich problemów ludzkości, jak rozwój i pokój (Jan Paweł II, Społeczna troska Kościoła, nr 26). Przyszły rozwój świata „winien się bowiem urzeczywistniać w ramach solidarności i wolności, bez poświęcenia pod jakimkolwiek pozorem jednej czy drugiej" (nr 33).

Wymienione powyżej dwa pojęcia rzucają światło na stosunki międzyludzkie w sprawach błahych i wielkich oraz kierują nimi.

Solidarność – wspólnie musimy widzieć, osądzać i wypełniać nasze zadania na tym świecie. Solidarność jest to „trwała wola angażowania się na rzecz dobra wspólnego, czyli dobra wszystkich i każdego, wszyscy bowiem jesteśmy naprawdę odpowiedzialni za wszystkich" (nr 38).
Wolność – dokonuje się we wzajemnym poszanowaniu i wzajemnej miłości, która każdemu pozostawia i gwarantuje przysługującą mu wolność. „Wolność, ku której wyswobodził nas Chrystus (por. Ga 5,1) pobudza do stania się sługami wszystkich" (nr 46). Bez solidarności i wolności nie może być mowy o odchodzącej od Boga godności człowieka. Na nich winna też się oprzeć nowa *„cywilizacja miłości",* której cegiełkami są przykazania Boże w świetle nauki i osobistego przykładu Jezusa Chrystusa.

- *Czwarte przykazanie Boże* wskazuje na obowiązki dzieci względem rodziców. Chodzi tu również o obowiązki wszystkich ludzi wobec przełożonych w społeczeństwie, państwie i Kościele.
- *Piąte przykazanie Boże* zabrania mordowania czyli nieusprawiedliwionego, przestępczego zabijania ludzi. Chce ono bronić życia niewinnych. Nikomu, z jakichkolwiek powodów, nie wolno uzurpować sobie prawa stosowania gwałtu i terroru wobec innych. Tylko władzy państwowej wolno używać fizycznej przemocy wobec przestępców; pojedynczemu człowiekowi dozwolone to jest tylko w obronie własnej. Konstytucja Republiki Federalnej Niemiec w obliczu tak wielu niesprawiedliwych egzekucji w czasach

verhängende Todesstrafe durch das Grundgesetz abgeschafft. *Gott allein ist Herr über Leben und Tod.*

- Das *sechste Gebot* will die enge Lebensgemeinschaft von Mann und Frau in der Ehe und Familie schützen. Die eheliche Liebe und Treue, die gemeinsame Verpflichtung, für die Kinder zu sorgen und sie zu erziehen, soll nicht durch Außenstehende zerbrochen oder erschwert werden. Das *neunte Gebot* erklärt bereits das Begehren nach der Frau des Nächsten und umgekehrt nach dem Mann einer andern Frau zur Sünde. Denn die Sünde beginnt immer mit dem unerlaubten Begehren – im Inneren ja sagen zum Verbotenen.
- Das *siebte Gebot* schützt das Eigentum des anderen. Auch hier beginnt die Sünde in neidvollem Begehren, dem Trachten, sich das Gut des anderen anzueignen *(zehntes Gebot)*. Auch das Grundgesetz der Bundesrepublik Deutschland schützt das Privateigentum, betont aber zugleich die soziale Verpflichtung, die sich aus dem Eigentum ergibt (Art. 14,1–2). Es ist nicht erlaubt, sich fremdes Gut auf unrechte Weise anzueignen.
- Das *achte Gebot* weist darauf hin, daß die Ehre des Menschen ein hohes Gut ist. Sie darf nicht durch falsche Aussagen oder die Sensationsgier, z. B. der Presse, geschädigt werden. Schon böse Worte können Vertrauen für immer zerstören.

Gott hat die Menschen nicht als Feinde,
sondern als Brüder und Schwestern geschaffen.

Papst Johannes XXIII.

Trzeciej Rzeszy zniosła karę śmierci.
Tylko Bóg jest Panem życia i śmierci.

- *Szóste przykazanie Boże* chroni wspólnotę życiową mężczyzny i kobiety w małżeństwie i rodzinie. Małżeńska miłość i wierność, jak również wspólny obowiązek utrzymania i wychowania dzieci, nie powinny być przez nikogo unicestwione albo choćby tylko zagrożone.
- *Dziewiąte przykazanie Boże* nazywa grzechem już samo pożądanie żony czy męża bliźniego. Grzech rodzi się bowiem z niedozwolonego pożądania i wewnętrznego na nie przyzwolenia.
- *Siódme przykazanie Boże* występuje w obronie cudzej własności. I tu początkiem grzechu jest zazdrosne pożądanie i usiłowanie zagarnięcia dobra bliźniego (dziesiąte przykazanie).
  Konstytucja RFN chroni własność prywatną, ale zarazem podkreśla wynikające z niej społeczne obowiązki (art. 14,1–2). Nie wolno przywłaszczać sobie niesprawiedliwie cudzego dobra.
- *Ósme przykazanie Boże* wskazuje, że honor człowieka jest wielkim dobrem. Nie wolno mu szkodzić poprzez fałszywe świadectwo albo żądzę sensacji, na przykład w prasie. Już przez same złe słowa można na zawsze zniszczyć zaufanie do kogoś.

Bóg stworzył ludzi nie jako nieprzyjaciół,
lecz jako braci i siostry.

Papież Jan XXIII

WEISUNGEN DER KIRCHE

Gibt es heute noch gültige „Kirchengebote"?

Die Kirche will mit ihren Weisungen (Kirchengeboten) allen Gläubigen helfen, in der Gemeinschaft mit Gott und in der Nachfolge Jesu Christi zu bleiben, gemäß der Mahnung des Apostels Paulus an die Vorsteher der Kirche zu Ephesus:
Gebt acht auf euch und auf die ganze Herde, in der euch der Heilige Geist zu Bischöfen bestellt hat, damit ihr als Hirten für die Kirche Gottes sorgt, die er sich durch das Blut seines eigenen Sohnes erworben hat.

Apg 20,28

Ihre fünf wichtigsten Weisungen lauten:

1. Feiere den Sonntag als „Tag des Herrn"!
   Der Sonntag ist der Tag des Herrn, an dem die Christen des Todes und der Auferstehung ihres Herrn feiernd gedenken. Es muß ein festlicher Tag sein, ein Tag der Gemeinschaft und der Liebe, an dem die Familie beisammen ist und die Arbeit ruht.
2. An Sonn- und Feiertagen nimm regelmäßig an der Eucharistiefeier teil!
   An allen Sonn- und Feiertagen versammeln sich die Gläubigen, um das Wort Gottes zu hören und in der Eucharistiefeier des Todes und der Auferstehung des Herrn zu gedenken. Die Sonntagsmesse wird für die, die sie mitfeiern, zu einer Quelle, aus der sie Kraft für ihr Leben in Familie und Beruf schöpfen.
3. Am Freitag bring ein Opfer!
   Am Karfreitag hat der Herr seinen Leib für alle Menschen dahingegeben und sein Blut für sie vergossen. Verzicht auf Fleischspeisen und Genußmittel (Abstinenz), Fasten, Werke der Buße, der Sühne und der Liebe werden zu Zeichen der Verbundenheit mit Christus. Sie sind ein Weg zur Freiheit und zur Freude.
4. Empfange regelmäßig, wenigstens aber in der österlichen Zeit, die Sakramente der Buße und des Altares!
   An Ostern feiert die ganze Kirche das große Fest der Erlösung: Tod und Auferstehung des Herrn. Darum soll jeder Christ in der Osterzeit die Eucharistie empfangen.
   Jeder Christ soll möglichst in der österlichen Zeit die Vergebung der Schuld im Bußsakrament erbitten.
5. Hilf der Kirche und deiner Gemeinde!
   Alle Christen sind mitverantwortlich für die Weitergabe des Glaubens, für den Gottesdienst der Gemeinde, für seelsorgliche und caritative Dienste. Sie können auf vielfältige Art und Weise ihre Dienste der kirchlichen Gemeinschaft zur Verfügung stellen.

Nach dem Gotteslob

PRZYKAZANIA KOŚCIELNE

Czy istnieją jeszcze dziś obowiązujące „przykazania Kościoła"?

Kościół chce poprzez swe wskazówki, zwane przykazaniami kościelnymi, pomóc wszystkim wiernym wytrwać we wspólnocie z Bogiem i w naśladowaniu Chrystusa, stosownie do napomnień św. Pawła, skierowanych do przełożonych Kościoła w Efezie:
„Uważajcie na samych siebie i na całe stado, w którym Duch Święty ustanowił was biskupami, abyście jako pasterze kierowali Kościołem Boga, który On nabył krwią swego Syna".

Dz 20,28

Oto treść pięciu najważniejszych przykazań kościelnych:

1. Święć niedzielę jako dzień Pański. (Polski odpowiednik brzmi: Ustanowione przez Kościół dni święte święcić.)
Niedziela jest dniem Pańskim, w którym chrześcijanie wspominają i świętują śmierć i zmartwychwstanie swego Pana. Trzeba ją obchodzić uroczyście jako dzień wolny od pracy we wspólnocie i miłości rodzinnej.
2. W niedziele i święta we Mszy świętej nabożnie uczestniczyć.
We wszystkie niedziele i święta gromadzą się chrześcijanie, aby słuchać słowa Bożego i wspominać śmierć i zmartwychwstanie Pana w Eucharystii. Msza święta jest dla wszystkich uczestników źródłem, z którego czerpią oni siłę do życia codziennego i zawodowego.
3. W piątek złóż jakąś ofiarę! (Polski odpowiednik: Posty nakazane zachowywać.) W Wielki Piątek wydał Pan swoje ciało i wylał swą krew za wszystkich ludzi. Zrezygnowanie z potraw mięsnych i przyjemności (abstynencja), jak również post, dzieła pokuty, zadośćuczynienia i miłości są znakami łączności z Chrystusem oraz drogą do wolności i radości.
4. Przynajmniej raz w roku spowiadać się i w czasie wielkanocnym Komunię świętą przyjmować.
Na Wielkanoc obchodzi Kościół wielkie święto odkupienia, wspominając śmierć i zmartwychwstanie Pańskie. Dlatego każdy chrześcijanin powinien w okresie wielkanocnym przystąpić do Komunii świętej oraz według możliwości poprosić o przebaczenie grzechów w sakramencie pokuty.
5. Pomagaj Kościołowi i własnej parafii.
Wszyscy chrześcijanie są współodpowiedzialni za dalsze przekazywanie wiary, liturgię w parafii, służbę duszpasterską i charytatywną. Każdy może stosownie do swych zdolności oddać się do dyspozycji wspólnocie kościelnej.

DAS HAUPTGEBOT

Kann Liebe ein Gebot sein?

Unser ganzes Leben wäre freudlos, wenn es nur von Gesetzen, Bestimmungen und Geboten geregelt würde.
Ein Leben, das sich nicht frei und spontan aus dem eigenen Herzen entfalten darf, kann niemand begeistern und gewinnen. Aber gerade zu einem solchen Leben hat Jesus Christus die Menschen aufgerufen; es ist ein Kernstück seiner Botschaft, daß er uns die „Freiheit der Kinder Gottes" schenken wollte. Sie besteht darin, daß der Mensch sich von der Gesinnung der Liebe zu Gott und zu den Menschen als seinen Brüdern und Schwestern leiten läßt – weil Gott selber Liebe ist.

Du sollst den Herrn, deinen Gott, lieben von ganzem Herzen und ganzer Seele und mit deinem ganzen Denken. Das ist das wichtigste und erste Gebot. Ebenso wichtig ist das zweite: Du sollst deinen Nächsten lieben wie dich selbst!

Mt 22,37–40

Jesus hebt die beiden Gebote aus dem Alten Testament hervor (Dtn 6,5 u. Lev 19,18) und verbindet sie zum einen Hauptgebot der Liebe. Er hat damit ein neues, immer aktuelles Programm entworfen. Diese Lebensweisung besagt:

1. Dem gewaltigen, liebenden Gott verdankst du alles; er sagt ja zu dir. Darum antworte ihm mit deiner Gegenliebe von ganzem Herzen.
2. Gott hat zu dir ja gesagt – also sage auch du zu dir selber ja. Du hast Wert, unendlichen Wert.
3. Wie du zu dir selber ja sagen darfst, so sollst du auch deine Mitmenschen bejahen. Gott gibt sie dir als Brüder und Schwestern.

Im Hauptgebot der Gottes- und Nächstenliebe sind alle anderen Gebote und Gesetze zusammengefaßt. Es besagt also nicht, was jeder im einzelnen tun soll oder nicht tun darf. Vielmehr sollte sich das Handeln des Menschen aus der Liebe zu Gott und zum Nächsten frei und spontan entfalten.

Bleibt niemand etwas schuldig; doch die Liebe schuldet ihr einander immer. Wer den anderen liebt, hat das Gesetz erfüllt. Denn die Gebote: Du sollst nicht die Ehe brechen, du sollst nicht töten, du sollst nicht stehlen, du sollst nicht begehren, und alle anderen Gebote sind in dem einen Satz zusammengefaßt: Du sollst deinen Nächsten lieben wie dich selbst. Die Liebe tut dem Nächsten nichts Böses. Also ist die Liebe die Erfüllung des Gesetzes.

Röm 13,8–10

GŁÓWNE PRZYKAZANIE

Czy miłość może być przykazaniem?

Nie byłoby radości w naszym życiu, gdyby decydowały o nim tylko ustawy, przepisy i przykazania. Życie, które nie może się swobodnie i spontanicznie rozwijać, nie jest podziwu godne ani atrakcyjne. Do takiego właśnie życia powołał nas Jezus Chrystus. Ono jest jądrem Jego przepowiadania, które nam ofiaruje „wolność dzieci Bożych". Dzięki tej wolności, możemy się kierować pochodzącą od Boga miłością ku Niemu i ludziom jako naszym braciom i siostrom.

Będziesz miłował Pana Boga swego całym swoim sercem, całą swoją duszą i całym swoim umysłem. To jest największe i pierwsze przykazanie. Drugie podobne jest do niego: Będziesz miłował swego bliźniego jak siebie samego.

Mt 22,37–40

Jezus wyodrębnił oba te przykazania ze Starego Testamentu (Pwt 6,5 i Kpł 19,18) i połączył w jedno główne przykazanie miłości, tworząc w ten sposób nowy, zawsze aktualny program życiowy. Mówi on, że:

1. Wszystko zawdzięczasz potężnemu, miłującemu Bogu. Odpowiedz Mu dlatego swoją miłością z całego serca.
2. Bóg zaakceptował ciebie – zaakceptuj i ty samego siebie. Jesteś wiele wart, nieskończenie wiele.
3. Zaakceptuj tak samo swoich bliźnich. Bóg daje ci ich jako braci i siostry.

W przykazaniu miłości Boga i bliźniego zawarte są wszystkie innc przykazania i prawa. Nie określa ono szczegółowo, co czynić, a czego zaniechać, lecz że całe działanie człowieka powinno nieskrępowanie i spontanicznie z niego wynikać.

Nikomu nie bądźcie nic dłużni poza wzajemną miłością.
Kto bowiem miłuje bliźniego, wypełnił prawo.
Albowiem przykazania: nie cudzołóż, nie zabijaj, nie kradnij, nie pożądaj i wszystkie inne – streszczają się w tym nakazie.
Miłuj bliźniego swego jak siebie samego. Miłość nie wyrządza zła bliźniemu. Przeto miłość jest doskonałym wypełnieniem prawa.

Rz 13,8–10

V. Wie beten wir als Christen alle Tage unseres Lebens?

V. Jak modlimy się jako chrześcijanie w życiu codziennym?

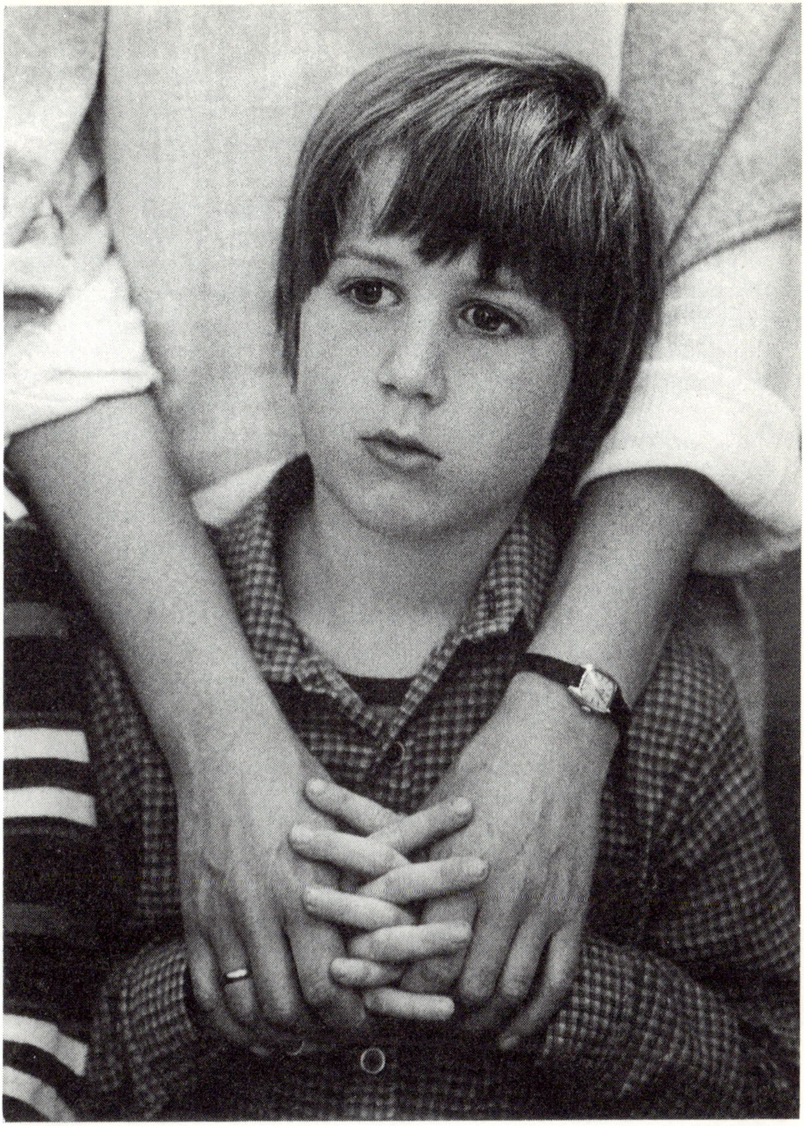

Warum kann der Christ nicht sein ohne Gebet? Weil der Geist Gottes selber in ihm zu Gott dem Vater ruft.
Wer sich von diesem Strom des Betens trennt, läßt den Glauben, die Hoffnung und die Liebe in sich vertrocknen.
Umgekehrt gilt:
Der Glaube ruft zu Gott im Gebet
die Hoffnung verankert sich in ihm
die Liebe freut sich an ihm und übergibt sich ihm ganz.
Der Christ kann ohne Gebet nicht sein, täglich und immer. Er darf den „Geist des Gebetes" nicht verlieren. Da gilt das Pauluswort aus dem ersten und ältesten Brief des Neuen Testaments: „Löscht den Geist nicht aus!"

Paulus sagt:

Freut euch zu jeder Zeit!
Betet ohne Unterlaß!
Dankt für alles; denn das will Gott von euch, die ihr Christus Jesus gehört.
Löscht den Geist nicht aus!
Verachtet prophetisches Reden nicht!
Prüft alles und behaltet das Gute!
Meidet das Böse in jeder Gestalt!

1 Thess 5,16–22

Im Herrn ist die Gemeinschaft der Beter „ein auserwähltes Geschlecht, ein königliches Priestertum" (1 Petrus 2,9).
Jesus, der große Beter des Neuen Bundes, sagt:
Die Stunde kommt, und sie ist schon da,
zu der die wahren Beter den Vater anbeten werden
im Geist und in der Wahrheit, denn so will der Vater angebetet werden.

Joh. 4,23

Der Mensch ist nie größer, als wenn er kniet

Joh. XXIII.

Chrześcijanin nie może żyć bez modlitwy, bo sam Duch Boży woła w nim do Ojca.
Kto odgradza się od tego strumienia modlitwy, naraża wiarę, nadzieję i miłość na wyschnięcie.
Z drugiej strony:
Wiara woła do Boga w modlitwie,
nadzieja zakotwicza się w Nim,
miłość raduje się z Niego i cała Mu się oddaje.
Chrześcijanin nie może żyć bez modlitwy, choćby tylko na krótko. Nie wolno mu zatracić ducha modlitwy, zgodnie ze słowem św. Pawła z najstarszego listu Nowego Testamentu: „Ducha nie gaście".

Św. Paweł powiada:

Zawsze się radujcie, nieustannie się módlcie!
W każdym położeniu dziękujcie, taka bowiem jest wola Boża w Jezusie Chrystusie względem was.
Ducha nie gaście!
Proroctwa nie lekceważcie!
Wszystko badajcie, a co szlachetne – zachowujcie!
Unikajcie wszystkiego, co ma choćby pozór zła.

1 Tes 5,16–22

Wspólnota modlitewna jest
wybranym plemieniem i królewskim kapłaństwem,

1 P 2,9

Jezus, najlepszy przykład modlitwy w Nowym Testamencie, powiada:
Nadchodzi jednak godzina, owszem już jest, kiedy to prawdziwi czciciele będą oddawać cześć Ojcu w duchu i prawdzie, a takich to czcicieli chce mieć Ojciec.

J 4,23

Człowiek jest największy wtedy, gdy klęczy.

Papież Jan XXIII

DAS GEBET DES HERRN

Vater unser im Himmel,
geheiligt werde dein Name.
Dein Reich komme.
Dein Wille geschehe,
wie im Himmel, so auf Erden.
Unser tägliches Brot gib uns heute.
Und vergib uns unsere Schuld,
wie auch wir vergeben unsern Schuldigern.
Und führe uns nicht in Versuchung,
sondern erlöse uns von dem Bösen.

Oft wird die alte Lobpreisung angeschlossen:

Denn dein ist das Reich und die Kraft und die Herrlichkeit in Ewigkeit.
Amen.

Im Vaterunser ist die Summe des Evangeliums Jesu Christi enthalten:
die Frohe Botschaft vom Vater,
von seinem kommenden Reich,
von der Vergebung, die er gewährt,
von der endgültigen Erlösung von allem Bösen, die er uns schenkt durch Jesus Christus, unsern Herrn.

Wie sollen wir beten?

Selbst die Jünger Jesu, die in der reichen Gebetstradition des Alten Bundes standen, fragten so. Sie spürten – nicht zuletzt am Beispiel des betenden Jesus – ihre Unfähigkeit und Schwäche, recht zu beten. Da lehrte sie Jesus das Vaterunser.
Das Vaterunser hat eine vertrauensvolle Anrede und sieben Bitten. Die ersten drei Anrufungen bitten um das Kommen des Reiches Gottes – um das Kommen Gottes selber zu uns.
Die letzten vier Anrufungen bitten um die Erlösung aus menschlichen Nöten.
Ein alter Zusatz gibt abschließend dem allmächtigen Gott allein die Ehre: denn dein ist das Reich und die Kraft und die Herrlichkeit in Ewigkeit. Amen.

„Soli deo gloria“ – Gott allein die Ehre – das ist die Zusammenfassung des christlichen Lebens und Betens, der Anbetung Gottes.
Man kann die Bitten des Vaterunsers einzeln meditieren und ihre Lebensbedeutung bedenken. Man kann auch die einzelnen Wörter des Bittens für sich allein betrachten: „Heilige“, „komme“, „es geschehe“, „gib“, „vergib“, „führe“, „erlöse“.

MODLITWA PAŃSKA

Ojcze nasz, któryś jest w niebie,
święć się imię Twoje.
Przyjdź królestwo Twoje.
Bądź wola Twoja jako w niebie tak i na ziemi.
Chleba naszego powszedniego daj nam dzisiaj.
I odpuść nam nasze winy,
jako i my odpuszczamy naszym winowajcom.
I nie wódź nas na pokuszenie,
ale nas zbaw ode złego.

Często dołączamy do Modlitwy Pańskiej starą doksologię:

Bo twoje jest królestwo, potęga i chwała na wieki.

„Ojcze nasz" zawiera kwintesencję Ewangelii Jezusa Chrystusa:
Dobrą Nowinę o Ojcu,
o Jego nadchodzącym królestwie,
o przebaczeniu, którego On udziela,
o ostatecznym zbawieniu od wszelkiego złego, które to zbawienie On nam ofiaruje przez Jezusa Chrystusa, naszego Pana.

Jak się modlić?

Pytanie to postawili już uczniowie Jezusa, tak mocno przecież stojący na gruncie tradycji modlitewnej Starego Testamentu. Zafascynowani przykładem modlącego się Jezusa czuli się niezdolni i za słabi do prawdziwej modlitwy. Wtedy nauczył ich Jezus Modlitwy Pańskiej.
Pełni ufności kierujemy do Ojca w niebie siedem próśb.
Trzy pierwsze to prośby o przyjście królestwa Bożego, o przyjście samego Boga do nas. W następnych *czterech* prosimy o pomoc w ludzkich potrzebach.

„Soli Deo gloria" – Samemu Bogu cześć.
W zawołaniu tym zawiera się cała treść chrześcijańskiego życia i modlitwy: cześć Boża.
Warto pomedytować nad poszczególnymi prośbami Modlitwy Pańskiej i rozważyć ich znaczenie życiowe. Można też zastanowić się nad ich poszczególnymi słowami: „święć się", „przyjdź", „bądź" (wola Twoja), „daj", „odpuść", „nie wódź", „wybaw".

Beten setzt voraus, daß wir still werden, uns sammeln und wissen: Gott ist da.
Das Vaterunser gibt uns einen Maßstab für unser Beten: Erst das Vertrauen zum Vater;
dann der Lobpreis und die Ehre Gottes;
danach das vertrauensvolle Bitten in allen unseren Nöten.

„Beim Gebet stehen wir mit geöffnetem Herzen vor Gott."

Thomas von Aquin

Wenn wir in der Gemeinschaft beten, sprechen wir in festgeformten Gebeten zu Gott.

Beten heißt:

- *Geist und Herz zu Gott erheben,*
- *ihn anbeten,*
- *ihm danken,*
- *ihn um etwas bitten,*
- *sich Gott schenken.*

Im persönlichen Gebet können wir alles, was uns erfreut und beglückt, unsere Sorgen und Wünsche mit eigenen Worten Gott sagen.

Jesus sagt:

Bittet, dann wird euch gegeben;
sucht, dann werdet ihr finden;
klopft an, dann wird euch geöffnet.

Denn wer bittet, der empfängt;
wer sucht, der findet;
und wer anklopft, dem wird geöffnet.

Wen schon ihr, die ihr böse seid,
euren Kindern gebt, was gut ist,
wieviel mehr wird euer Vater im Himmel
denen Gutes geben, die ihn bitten.

Mt 7,7–11

Oft erfahren wir aber, daß Gott unsere Bitten anders erfüllt, als wir es erwarten. Gott weiß, was für uns Menschen gut ist.
Darum beten wir:
Herr, dein Wille geschehe!

Modlitwa zakłada ciszę, skupienie i świadomość obecności Boga. „Ojcze nasz" przedstawia nam cechy właściwej modlitwy, którymi są:
- zaufanie do Ojca,
- chwała i cześć Boża,
- pełna ufności prośba we wszystkich ludzkich potrzebach.

Modląc się stoimy przed Bogiem z otwartym sercem.

Św. Tomasz z Akwinu

Kiedy modlimy się we wspólnocie, mówimy do Boga słowami ściśle sformułowanymi.

Modlić się, to:
- *wznosić ducha i serce ku Bogu,*
- *Jego czcić,*
- *Jemu dziękować,*
- *Jego o coś prosić.*

W modlitwie osobistej możemy Panu Bogu własnymi słowami powiedzieć wszystko, co nas cieszy i uszczęśliwia, nasze troski i życzenia.

Pan Jezus mówi:

Proście, a będzie wam dane;
szukajcie, a znajdziecie;
kołaczcie, a otworzą wam.
Albowiem każdy, kto prosi, otrzymuje;
kto szuka, znajduje,
a kołaczącemu otworzą.
Jeśli więc wy, choć źli jesteście,
umiecie dawać dobre rady waszym dzieciom,
o ileż bardziej Ojciec wasz, który jest w niebie,
da to, co dobre, tym, którzy Go proszą.

Mt 7,7–11

Często doświadczamy, że Bóg wysłuchuje naszych próśb inaczej, aniżeli się spodziewaliśmy. Bóg wie, co dla człowieka jest dobre. Dlatego modlimy się:
Panie, niech się dzieje wola Twoja.

DIE PSALMEN

Warum ist die Bibel ein gutes Gebetbuch?

In der Bibel redet nicht nur Gott zum Menschen, sondern auch Menschen reden zu Gott. Beides lädt ein zum Gebet: zur Antwort an Gott in der besinnlichen Lesung und Betrachtung der biblischen Worte und Ereignisse; zum Einstimmen in die Gebete der Jahrhunderte, die besonders im Buch der Psalmen gesammelt sind, aber nicht nur dort, sondern auch in den Hymnen und Lobpreisungen, gerade des Neuen Testamentes.
Darum ist der Umgang mit der Bibel eine Quelle des geistlichen Lebens.
Die Kirche verwendet in Stundengebet und Liturgie viele biblische Gebete, besonders das Buch der Psalmen. Darin werden Lobpreis und Klage, Freude und Leid in Worten und Bildern der damaligen Menschen und doch offen auch für unser heutiges Verständnis vor Gott getragen. Immer wieder dürfen wir uns unter Gottes Schutz stellen und um seinen Segen bitten mit Worten aus dem Alten und dem Neuen Testament.

Ein Psalm Davids: Der Herr ist mein Hirt.

Der Herr ist mein Hirte, / nichts wird mir fehlen.
Er läßt mich lagern auf grünen Auen / und führt mich zum Ruheplatz am Wasser.
Er stillt mein Verlangen; / er leitet mich auf rechten Pfaden, treu seinem Namen.
Muß ich auch wandern in finsterer Schlucht, / ich fürchte kein Unheil: denn du bist bei mir, / dein Stock und dein Stab geben mir Zuversicht.
Du deckst mir den Tisch / vor den Augen meiner Feinde.
Du salbst mein Haupt mit Öl, / du füllst mir reichlich den Becher.
Lauter Güte und Huld werden mir folgen mein Leben lang, / und im Haus des Herrn darf ich wohnen für lange Zeit.

Ps 23

Der Herr ist mein Licht und mein Heil

Der Herr ist mein Licht und mein Heil: / Vor wem sollte ich mich fürchten? Der Herr ist die Kraft meines Lebens: / Vor wem sollte mir bangen?
Dringen Frevler auf mich ein, / um mich zu verschlingen, meine Bedränger und Feinde, / sie müssen straucheln und fallen.
Mag ein Heer mich belagern: / Mein Herz wird nicht verzagen. Mag Krieg gegen mich toben: / Ich bleibe dennoch voll Zuversicht.
Nur eines erbitte ich vom Herrn, / danach verlangt mich: Im Haus des Herrn zu wohnen / alle Tage meines Lebens, die Freundlichkeit des Herrn zu schauen / und nachzusinnen in seinem Tempel.

Aus Psalm 27

Dlaczego Biblia jest dobrym modlitewnikiem?

W Piśmie Świętym przemawia nie tylko Bóg do człowieka, lecz również człowiek do Boga. Refleksyjna lektura, rozważanie biblijnych słów i wydarzeń, jak również modlitw wieków dawnych, zawartych zwłaszcza w psalmach Starego Testamentu, skłaniają do modlitwy. Dlatego obcowanie z Biblią jest źródłem życia duchowego. Kościół przejął do swej liturgii, w tym i liturgii godzin, wiele biblijnych modlitw, zwłaszcza z Księgi Psalmów. W słowach i obrazach ówczesnych ludzi, zrozumiałych i dla współczesnych, zwracają się one do Boga z uwielbieniem i skargą, radością i bólem. I my prosimy nieustannie o pomoc i błogosławieństwo Boże słowami Starego i Nowego Testamentu.

Oto jeden z psalmów Dawida: Pan jest moim pasterzem.

Pan jest moim pasterzem, nie brak mi niczego.
Pozwala mi leżeć na zielonych pastwiskach.
Prowadzi mnie nad wody, gdzie mogę odpocząć; orzeźwić moją duszę.
Wiedzie mnie po właściwych ścieżkach przez wzgląd na swoje imię. Chociażbym chodził ciemną doliną, zła się nie ulęknę, bo Ty jesteś ze mną. Twój kij i Twoja laska są tym, co mnie pociesza. Stół dla mnie zastawiasz wobec mych przeciwników; namaszczasz mi głowę olejkiem, mój kielich jest przeobfity.
Tak, dobroć i łaska pójdą w ślad za mną
przez wszystkie dni mego życia.

Ps 23

Pan jest moim światłem i zbawieniem

Pan światłem i zbawieniem moim, kogóż mam się lękać?
Pan obroną mojego życia, przed kim mam się trwożyć?
Gdy na mnie nastają złośliwi, by zjeść moje ciało,
wtenczas oni, wrogowie moi i nieprzyjaciele, chwieją się i padają.
Choćby stanął naprzeciwko mnie obóz, moje serce bać się nie będzie; choćby wybuchła przeciwko mnie wojna,
nawet wtedy będę pełen ufności.
O jedno proszę Pana, tego poszukuję:
bym w domu Pańskim przebywał po wszystkie dni mego życia,
abym zażywał łaskawości Pana, stale się radował Jego świątynią.

Z Psalmu 27

Wie täglich beten?

Wenn Beten mit Recht das Atemholen der Seele genannt wird, dann haben wir es nötig, täglich und immer wieder zu beten und stets im Geist des Gebetes – der Hinwendung und Hingabe an Gott und seinen Willen – zu verbleiben. Damit leben wir vor Gott und mit Gott.
Darum beten wir Christen am Morgen, am Mittag und am Abend und sprechen auch sonst kurze „Stoßgebete". Das kann mit eigenen Worten geschehen; aber es hilft der guten Gewohnheit, sich dabei auch festgefügter und altbewährter Gebete zu bedienen. Täglich zu beten muß eine feste Gewohnheit werden.

Gebete für Kinder

Die Eltern mein empfehl' ich dir, behüte, lieber Gott, sie mir.
Vergilt, o Herr, weil ich nicht kann, das Gute, das sie mir getan. Amen

Guter Gott, du hast mir Vater und Mutter gegeben. Sie sorgen für mich. Sie helfen mir. Ich bitte dich: Halte sie gesund. Schenke ihnen Freude und Kraft. Steh ihnen zur Seite, wenn sie Sorgen haben. Gib, daß wir uns gut verstehen. Halte deine schützende Hand über uns, und laß uns alle zusammen zu dir finden. Amen.

Wir bitten dich, Herr, für alle Menschen, die krank sind, die allein sind, die Schmerzen haben oder Angst.
Sie brauchen dich. Gib ihnen Menschen, die sie trösten, die ihnen helfen. Amen.

Wir bitten dich, Jesus, hilf uns in unserer Klasse zu einer guten Gemeinschaft.
Du hast uns gezeigt, wie einer dem anderen helfen soll.
Laß uns gemeinsam erreichen, was einer allein nicht kann. Amen.

Jesus, wir wollen die Kinder in der Welt nicht vergessen:
die Kinder, die hungrig und durstig sind;
die Kinder, die ohne Eltern aufwachsen;
die Kinder, die keine Heimat haben;
die Kinder, die in großen Gefahren leben.
Laß uns ihnen helfen. Amen.

DZIEŃ

Jak mamy się codziennie modlić?

Jeżeli modlitwę słusznie nazywamy oddechem duszy, to trzeba nam codziennie i nieustannie się modlić. Duch modlitwy; ukierunkowanie na Boga i poddanie się Jego świętej woli, powinien wypełniać całe nasze życie. Przez niego żyjemy w Bogu i z Nim.
Chrześcijanie modlą się rano, w południe i wieczorem, wypowiadając oprócz tego krótkie akty strzeliste. Posługują się przy tym własnymi słowami albo używają stałych wypróbowanych formuł modlitewnych. Codzienna modlitwa powinna być zwyczajem każdego chrześcijanina.

Modlitwy dzieci

Dobry Boże, polecam Ci moich rodziców. Zachowaj mi ich na długie lata. Wynagródź im wszelkie dobro, którego od nich doznałem, bo ja sam tego nie potrafię. Amen.

Dobry Boże, Ty dałeś mi ojca i matkę, którzy się o mnie troszczą i mi pomagają. Proszę Cię o zdrowie dla nich. Obdarz ich radością i mocą. Wspieraj ich w zmartwieniach. Pomóż, byśmy się rozumieli. Niech Twoja ręka broni nas od niebezpieczeństw i zaprowadzi do Twego królestwa. Amen.

Prosimy Cię, Panie, za wszystkich chorych, samotnych, cierpiących i zastraszonych. Oni potrzebują Ciebie. Poślij im ludzi, którzy ich pocieszą i im pomogą. Amen.

Prosimy Cię, Panie Jezu, pomóż naszej klasie stać się wspólnotą. Ty pokazałeś, jak jeden drugiemu powinien pomagać. Dozwól nam wspólnie osiągnąć to, czego nikt w pojedynkę osiągnąć nie zdoła. Amen.

Panie Jezu, prosimy Cię za wszystkie dzieci całego świata: za dzieci głodujące i spragnione, za sieroty, za dzieci pozbawione ojczyzny i te, które żyją w wielkich niebezpieczeństwach. Daj nam łaskę, byśmy im mogli pomóc. Amen.

Morgengebete

Herr, allmächtiger Gott, am Beginn dieses neuen Tages bitten wir dich: schütze uns heute durch deine Kraft. Bewahre uns vor Verwirrung und Sünde. Laß uns denken, reden und tun, was recht ist vor dir. Durch Christus, unseren Herrn. Amen.

Gotteslob Nr. 14/2

Gott, Vater im Himmel, ein neuer Tag hat angefangen; du schenkst ihn mir. Ich freue mich und danke dir dafür.
Vor allem aber danke ich dir, daß du überall und immer bei mir bist und mich allezeit liebst; das macht mich froh.
Zeige mir heute, was recht und was unrecht ist. Hilf mir, gut zu sein. Amen.

Tischgebet

Aller Augen warten auf dich, o Herr; du gibst uns Speise zur rechten Zeit. Du öffnest deine Hand und erfüllst alles, was lebt, mit Segen. Amen.

Abendgebete

Herr, in deine Hände lege ich voll Vertrauen meinen Geist. Amen.

Es segne und behüte uns der allmächtige und barmherzige Gott, der Vater, der Sohn und der Heilige Geist. Amen.

Ein Abendgebet der Familie

Bleibe bei uns, Herr, denn es will Abend werden, und der Tag hat sich geneigt. Bleibe bei uns und bei deiner ganzen Kirche.
Bleibe bei uns am Abend des Tages, am Abend des Lebens, am Abend der Welt.
Bleibe bei uns mit deiner Gnade und Güte, mit deinem heiligen Wort und Sakrament, mit deinem Trost und Segen.
Bleibe bei uns, wenn über uns kommt die Nacht der Trübsal und Angst, die Nacht des Zweifels und der Anfechtung, die Nacht des bitteren Todes.
Bleibe bei uns und bei allen deinen Gläubigen in Zeit und Ewigkeit. Amen.

Gotteslob Nr. 18/7

Modlitwy poranne

Panie, Boże Wszechmogący, rozpoczynając nowy dzień, prosimy Cię: ochraniaj nas dzisiaj Twoją mocą. Zachowaj nas od zamieszania i grzechu. Dozwól nam myśleć, mówić i czynić, co się Tobie podoba. Przez Chrystusa, Pana naszego. Amen.

Gotteslob, nr 14/2

Boże, Ojcze niebieski, rozpoczął się nowy dzień. Ty mi go ofiarujesz. Cieszę się i dziękuję Ci za to.
Przede wszystkim jednak wdzięczny Ci jestem, że wszędzie i zawsze jesteś przy mnie i mnie nieustannie kochasz. To jest moją radością. Wskaż mi dziś, co jest prawe, a co złe. Pomóż mi być dobrym. Amen.

Modlitwa przy stole

Oczy wszystkich kierują się ku Tobie, Panie, a Ty dajesz im pokarm w stosownym czasie. Ty otwierasz swoją dłoń i napełniasz wszystko, co żyje, błogosławieństwem. Amen.

Modlitwy wieczorne

Panie, w ręce Twoje oddaję ducha mojego. Amen.

Niech nas błogosławi i strzeże wszechmogący i miłosierny Bóg, Ojciec, Syn i Duch Święty. Amen.

Modlitwa wieczorna rodziny

Pozostań z nami, Panie, bo dzień się nachylił i wieczór już blisko.
Pozostań z nami i z całym Twoim Kościołem.
Pozostań z nami pod wieczór tego dnia, życia i świata.
Pozostań z nami z Twoją łaską i dobrocią, z Twoim świętym sakramentem, z Twoją pociechą i Twoim błogosławieństwem.
Pozostań z nami, kiedy rozpostrze się nad nami noc zamętu i strachu, wątpliwości i pokusy, noc gorzkiej śmierci.
Pozostań z nami i ze wszystkimi wiernymi w doczesności i doprowadź nas do życia wiecznego. Amen.

Gotteslob, nr 18/7

Wie immer beten?

Natürlich kann niemand immer Gebete aufsagen. Unsere Arbeit und unsere Freizeit kann aber vom Gebet getragen sein, wenn wir unseren Tag Gott anvertraut haben, von seinem Willen nicht lassen wollen und bereitwillig unser „Ja, Vater" zu ihm sagen.
Um die Verbindung mit Gott immer offenzuhalten, sind Stoßgebete nützlich, zum Beispiel:

Herr, ich glaube.
Mein Herr und mein Gott!
Mein Gott, ich vertraue auf dich.
Mein Gott, ich hoffe auf dich.
Herr, du weißst, daß ich dich liebe.

Besonders empfiehlt sich das „immerwährende Jesusgebet":

Herr Jesus Christus, erbarme dich meiner.
Herr Jesus Christus, Sohn Gottes, erbarme dich unser.

Die Anfänge dieser Gebetsform gehen zurück bis in die Zeit der Kirchenväter. Das Jesusgebet verbreitete sich vor allem in der Ostkirche, ist aber heute auch in weiten Kreisen des Westens bekannt.
Dieses Gebet ist eine Meditation, an der auch der Körper beteiligt ist. Der ganze Mensch soll frei sein von Unrast. Man muß sich zur Ruhe kommen lassen. Die Muskulatur soll völlig entspannt sein. Man wiederholt im Einklang mit dem Herzschlag oder mit dem Atem unablässig: „Herr Jesus Christus, erbarme dich meiner", oder: „Herr Jesus Christus, Sohn Gottes, erbarme dich unser". So versenkt man sich in die Gegenwart Jesu.
Nicht nur die Versenkung in Gott wird durch diese ständige Anrufung des Namens Jesus gefördert, sondern auch die Empfindung von Frieden und Versöhnlichkeit gegenüber allen Menschen, das Zurücktreten der eigenen Interessen und die Gelassenheit. Das Jesusgebet wird von jenen, die es üben, als ein Weg zur inneren Freiheit bezeichnet.

Christusgebet

Christus, du Sohn des lebendigen Gottes, erbarme dich unser.
Du sitzest zur Rechten des Vaters, erbarme dich unser.
Singt das Lob des Vaters und des Sohnes und des Heiligen Geistes.
Christus, du Sohn des lebendigen Gottes, erbarme dich unser.

Jak mamy się zawsze modlić?

Jest rzeczą oczywistą, że nie można zawsze powtarzać słów modlitewnych. Każda jednak praca i czas wolny będą wspierane modlitwą, jeżeli powierzymy Panu Bogu cały dzień, nie zlekceważymy Jego woli i ochoczym: „Tak, Ojcze" Jemu się podporządkujemy.
Bardzo pożyteczne w zachowaniu łączności z Bogiem są akty strzeliste, na przykład:

Wierzę, o Panie!
Mój Pan i mój Bóg!
Boże, zdaję się na Ciebie!
Boże, ufam Tobie!
Panie, Ty wiesz, że Cię kocham.

Szczególnie godna polecenia jest tzw. „nieustająca modlitwa Jezusowa":

Panie Jezu Chryste, zmiłuj się nade mną.
Panie Jezu Chryste, Synu Boga żywego, zmiłuj się nad nami.

Początki tej formy modlitwy sięgają czasów Ojców Kościoła. Modlitwa Jezusowa stała się popularna przede wszystkim w Kościele wschodnim. Dziś znana jest także szerokim kręgom wiernych na Zachodzie.
Ta modlitwa jest medytacją, ale bierze w niej udział również i ciało. Cały człowiek winien być wolny od stresu. Trzeba się wyciszyć, całkowicie odprężyć mięśnie i zgodnie z rytmem serca i oddechu nieustannie powtarzać: „Panie Jezu Chryste, zmiłuj się nade mną" lub „Panie Jezu Chryste, Synu Boga żywego, zmiłuj się nad nami". W ten sposób pogrążamy się w Jezusie.
Nieustanne wzywanie imienia Jezus powoduje nie tylko pogrążenie w Bogu, lecz i odczucie pokoju, gotowości do pojednania z wszystkimi ludźmi, odstąpienie od własnych korzyści i obojętności. Ci, którzy praktykują modlitwę Jezusową, traktują ją jako drogę do wewnętrznej wolności.

Modlitwa Chrystusowa

Chryste, Synu Boga żywego, zmiłuj się nad nami.
Który siedzisz po prawicy Boga, zmiłuj się nad nami.
Śpiewajcie chwałę Ojcu i Synowi, i Duchowi Świętemu.
Chryste, Synu Boga żywego, zmiłuj się nad nami.

DAS JAHR

Die Kirche vergegenwärtigt im Lauf des Jahres die Heilsgeheimnisse des Lebens Christi. Weihnachten, Ostern und Pfingsten sind die Höhepunkte und Hochfeste des „Kirchenjahres". Jeden Sonntag schöpft die Kirche aus dem Reichtum der Bibel und verkündet Gottes Wort.
Dazu gedenkt sie der Heiligen und stellt uns lebendige Zeugen des Evangeliums vor Augen. Insbesondere hebt sie die Feste Mariens, der Mutter Gottes, der Apostel und der Martyrer und Bekenner hervor. Besonders angesprochen fühlen wir uns von Gedenktagen der heiligen Männer und Frauen, die in ähnlichen Lebensumständen wie wir oder in unserer Zeit gelebt haben oder deren Namen wir tragen.
Der Kalender des Jahres lädt dazu ein, im „Herrenjahr" und im „Heiligenjahr" mit der Kirche zu leben, um Christus, dem Herrn, nachzufolgen. Hilfsmittel dafür sind das Gotteslob und das Meßbuch der Kirche (der Schott in seinen verschiedenen Ausgaben).
Auf die Hochfeste des Kirchenjahres – Weihnachten und Ostern – führen die Vorbereitungszeiten hin.
Der Advent bereitet uns auf das Fest der Menschwerdung Gottes in Jesus Christus vor.
Die Fastenzeit läßt uns in Umkehr vom Bösen und erneuter Entschiedenheit für die Nachfolge Christi Ostern entgegengehen.
Die Mitfeier des Kirchenjahres erschließt immer neu die Reichtümer des Glaubens und der geistlichen Erfahrung.
Auch wenn wir heute keine strenge Vorschrift mehr haben, den Freitag als Abstinenztag zu halten, so empfiehlt sich doch, an diesem Tag – dem Tag der Kreuzigung unseres Herrn – durch Gebet und Freitagsopfer unsere Gemeinschaft mit Christus zu erneuern und zu bekräftigen. Verzicht an Speise und Trank (Fasten), besonders an Genußmitteln, kann uns dafür auch eine Hilfe sein. Denn der Mensch ist ein Wesen aus Leib und Seele; der ganze Mensch soll beten und sich Gott zuwenden.
Der Geist des Gebetes macht feinfühlig und erfinderisch und entdeckt die Möglichkeiten, in unserem Alltag bei Gott zu bleiben. Er macht hellhörig und klarsichtig und läßt uns Gott für alles danken, was er uns schickt.

Kościół uobecnia w ciągu roku zbawcze tajemnice życia Jezusa Chrystusa. Boże Narodzenie, Wielkanoc, Zielone Świątki są punktami kulminacyjnymi oraz wielkimi świętami roku kościelnego. W każdą niedzielę czerpie Kościół z bogactwa Pisma Świętego i przepowiada słowo Boże.
Oprócz tego wspomina Kościół świętych i stawia nam ich przed oczy jako żywych świadków Ewangelii. Najbardziej podkreśla On święta Maryi, Matki Bożej, apostołów, męczenników i wyznawców. Szczególnie przemawiają do nas wspomnienia naszych patronów, jak również świętych mężczyzn i kobiet, żyjących współcześnie lub w podobnych do naszych sytuacjach życiowych.
Kalendarz liturgiczny zaprasza nas przez przeżywanie uroczystości Pańskich i wspomnień świętych do życia z Kościołem i naśladowania Jezusa Chrystusa. Środkami pomocniczymi ku temu są książka do nabożeństwa Gotteslob oraz Mszał.
W tajemnice wielkich uroczystości roku kościelnego: Bożego Narodzenia i Wielkanocy wprowadzają nas okresy przygotowawcze. Adwent przygotowuje nas na święto Wcielenia Boga w Jezusie Chrystusie.
Wielki Post pomaga nam podążać ku Wielkanocy przez odwrócenie się od zła i ponowny zwrot ku radykalnemu naśladowaniu Chrystusa.
Przeżywanie roku kościelnego otwiera nam wciąż na nowo bogactwa naszej wiary i duchowych doświadczeń.
Nie ma już dziś dawnych surowych przepisów dotyczących abstynencji piątkowej. Mimo to poleca się w każdy piątek jako dzień ukrzyżowania naszego Pana odnawiać i umacniać wspólnotę z Chrystusem przez modlitwę i ofiarę. Pomocą w tym może nam być zrezygnowanie z niektórych pokarmów i napojów (post), a zwłaszcza używek. Człowiek jest istotą złożoną z duszy i ciała. Cały człowiek powinien się modlić i zwrócić ku Bogu. Duch modlitwy czyni człowieka wrażliwym i pomaga mu odkryć możliwości przeżywania każdego dnia z Bogiem. On otwiera nasze uszy i oczy na Bożą rzeczywistość i uzdalnia nas do dziękczynienia za wszystko, co nam Bóg zsyła.

Durch Jesus Christus haben wir Zugang zu Gott, unserem Vater. Sein Herz ist für uns die Quelle aller Liebe und Gnade Gottes; aus ihm strömen uns alle Gaben des Heiligen Geistes zu. Darum verehren die Christen die göttliche Liebe besonders unter dem Zeichen des Herzens Jesu, das am Kreuz für uns durchbohrt worden ist.
Wir feiern das Herz-Jesu-Fest in der dritten Woche nach Pfingsten. Jeden ersten Freitag im Monat halten wir den Herz-Jesu-Freitag.

Gebet vom Herz-Jesu-Fest

Allmächtiger Gott,
wir verehren das Herz deines geliebten Sohnes und preisen die großen Taten seiner Liebe.
Gib, daß wir aus dieser Quelle göttlichen Erbarmens die Fülle der Gnade und des Lebens empfangen.
Darum bitten wir durch Jesus Christus deinen Sohn, unseren Herrn und Gott, der in der Einheit des Heiligen Geistes mit dir lebt und herrscht in alle Ewigkeit.
Amen.

Przez Jezusa Chrystusa mamy dostęp do Boga, naszego Ojca. Serce Jezusa jest źródłem miłości i łaski Bożej. Z Niego płyną wszystkie dary Ducha Świętego. Dlatego chrześcijanie uwielbiają Bożą miłość szczególnie pod postacią Serca Jezusowego, przebitego za nas na krzyżu.
W trzecim tygodniu po Zesłaniu Ducha Świętego obchodzimy uroczystość Najświętszego Serca Jezusa. Jego Sercu poświęcony jest też pierwszy piątek każdego miesiąca.

Modlitwa na uroczystość Najświętszego Serca Jezusa

Wszechmogący Boże,
uwielbiając serce Twojego ukochanego Syna, chwalimy wielkie czyny Twojej miłości.
Spraw, abyśmy otrzymali z tego źródła Boskiego miłosierdzia pełnię łaski i życia.
Przez Jezusa Chrystusa, Twojego Syna, naszego Pana i Boga, który z Tobą żyje i króluje w jedności Ducha Świętego po wszystkie wieki wieków. Amen.

Wie helfen die Heiligen beten?

Gute Lebensbeschreibungen der Heiligen sind ein Stück Auslegung des Evangeliums in einer bestimmten Zeit durch einen Menschen in seinen Lebensumständen. Sie können zu einer Einladung zur Nachfolge Christi werden (wie z. B. im Fall der Bekehrung des Ignatius von Loyola). In der Begegnung mit einem Heiligen geschieht eine Begegnung mit dem lebendigen Gott durch das Medium eines glaubwürdigen Zeugen.
Dadurch werden wir aufgefordert zum Dank für das Beispiel eines solchen Menschen, und aufgerüttelt, das Evangelium auch in unserem eigenen Leben und auf unsere Weise zu verwirklichen. Worte und Gebete der Heiligen sind für unser eigenes Meditieren und Beten hilfreich.

Niklaus von Flüe betete oft:

> Mein Herr und mein Gott, nimm alles von mir, was mich hindert zu dir.
> Mein Herr und mein Gott, gib alles mir, was mich fördert zu dir.
> Mein Herr und mein Gott, nimm mich mir und gib mich dir.

Franz von Sales verglich das Leben der Heiligen mit dem Evangelium; er meinte, das geschriebene Evangelium sei wie Musik in Noten, das Leben der Heiligen sei die nämliche Musik, aufgeführt von großen Künstlern, bewegend und hinreißend.

Alle, die an Christus glauben, bilden zusammen eine große Gemeinschaft. Gott hat sie zu einem heiligen Volk berufen. Der Apostel Paulus nennt die Gläubigen „Heilige", weil sie Gott, dem Heiligen, gehören und weil Christus sie geheiligt hat. Heilige sind ein Werk der Gnade Gottes.

Im Gloria der heiligen Messe beten wir zu Christus:

> „Du allein bist der Heilige"

Wenn wir heute einen Menschen „heilig" nennen, meinen wir damit, daß er sein Leben mit der Gnade Gottes ganz nach dem Vorbild Jesu Christi gestaltet hat. Er liebte Gott und die Menschen, er erfüllte den Willen Gottes und folgte Jesus nach.

ŚWIĘCI

W jaki sposób święci pomagają nam się modlić?

Dobre żywoty świętych są znakomitym przykładem realizowania Ewangelii przez ludzi różnych czasów i środowisk. Mogą się one stać zaproszeniem do naśladowania Chrystusa. Spośród wielu przykładów wymieńmy tu choćby nawrócenie św. Ignacego Loyoli. Przez spotkanie ze świętym i za jego pomocą jako wiarygodnego świadka dokonuje się spotkanie z Bogiem żywym.
Przez to budzi się w nas wdzięczność za przykład świętości i potrzeba realizowania Ewangelii we własnym życiu i na własny sposób. Słowa i modlitwy świętych pomagają nam bardzo w naszej medytacji i modlitwie.

Św. Mikołaj z Flüe modlił się często:

> Mój Panie i Boże, weź ode mnie wszystko, co mnie dzieli od Ciebie,
> Mój Panie i Boże, daj mi wszystko, co mnie do Ciebie zbliża.
> Mój Panie i Boże, odejmij mnie sobie i daj mnie Tobie.

Św. Franciszek Salezy porównywał życie świętych z Ewangelią. Według niego Ewangelia jest jak muzyka zapisana w nutach. Życie świętych jest tą właśnie muzyką, odtworzoną przez wielkich artystów, wzruszająco i porywająco.

Wszyscy wierzący w Chrystusa tworzą jedną wielką wspólnotę. Bóg powołał ich jako swój święty lud. Św. Paweł Apostoł nazywa wierzących świętymi, jako że należą do świętego Boga i zostali uświęceni przez Chrystusa. Święci są dziełem łaski Bożej.

W *Gloria* Mszy świętej wołamy do Chrystusa:

> „Albowiem tylko tyś jest święty"

Nazywając dziś jakiegoś człowieka świętym, wyrażamy nasze przekonanie, że wspomagany łaską Bożą żył on całkowicie na wzór Jezusa Chrystusa, to znaczy kochał Boga i bliźniego, wypełniając w ten sposób wolę Bożą.

Die Heiligen waren in ihrem Erdenleben allesamt betende Menschen. Sie haben dabei die Nöte der Menschen mit ins Gebet hineingenommen: Sie waren Fürsprecher.
Die Fürbitte ist ein wichtiges biblisches Thema. Viele Beispiele im Alten und neuen Testament stellen uns fürbittende Menschen vor Augen. Jesus hat für seine Jünger und alle, die auf ihr Wort hin an ihn glauben, Fürbitte eingelegt.

Man sagt: „Niemand ist lebendiger als ein toter Heiliger" – in dieser Überzeugung dürfen wir die Heiligen im Himmel bei Gott auch als unsere Fürsprecher anrufen. Gerade wenn sie uns vertraut sind, werden wir sie als Freunde bei Gott anrufen als Nothelfer in schweren Anliegen, als Tröster in Kummer und Sorgen.
Die Verehrung der Heiligen im Gebet macht sie für uns zu einer „Kontaktstelle" mit Gott.
Besonders gilt das von *Maria, der Mutter Gottes und Helferin der Christen.*

An allen Hochfesten des Herrn im Kirchenjahr verehren wir auch Maria, seine Mutter.

Die beiden höchsten Marienfeste im Laufe des Jahres sind:

Das Hochfest der ohne Erbsünde empfangenen Gottesmutter Maria (8. Dezember): Von Ewigkeit her ist Maria erwählt gewesen, Mutter Gottes zu sein. Darum hat Gott sie vom ersten Augenblick ihres Lebens an von jedem Makel der Sünde bewahrt.
Das Hochfest der Aufnahme Mariens in den Himmel (15. August): Maria ist nach ihrem irdischen Leben mit Leib und Seele in die himmlische Herrlichkeit aufgenommen worden.

Allmächtiger, ewiger Gott,
du hast die selige Jungfrau Maria, die uns Christus geboren hat, vor aller Sünde bewahrt und sie mit Leib und Seele zur Herrlichkeit des Himmels erhoben. Gib, daß wir auf dieses Zeichen der Hoffnung und des Trostes schauen und auf dem Weg bleiben, der hinführt zu deiner Herrlichkeit. Darum bitten wir durch Jesus Christus, deinen Sohn, unseren Herrn und Gott. Amen.

Wszyscy święci za czasów swego ziemskiego życia wiele się modlili. Polecając Bogu w swych modlitwach troski ludzi, byli ich orędownikami.
Modlitwa wstawiennicza jest ważnym tematem biblijnym, na co wskazuje wiele przykładów ze Starego i Nowego Testamentu. Również Jezus modlił się za swych uczniów i za wszystkich, którzy dzięki ich słowu dojdą do wiary.

Istnieje powiedzenie: „Nikt nie jest tak żywy jak zmarły święty". Przekonani o tym, możemy wzywać świętych, którzy są u Boga w niebie, jako naszych orędowników. Właśnie dlatego, że są nam bliscy, wzywamy ich – przyjaciół Bożych – jako pomocników w ciężkiej niedoli, pocieszycieli w kłopotach i troskach. Modląc się do świętych, uważamy ich za pośredników u Boga.
Szczególnie dotyczy to *Maryi, Matki Bożej i Wspomożenia wiernych.*

Podczas wszystkich uroczystości Pana Jezusa w roku kościelnym czcimy zarazem Maryję, Jego Matkę.

Największymi świętami maryjnymi w ciągu roku są uroczystości:

Niepokalanego Poczęcia (8 grudnia) i Wniebowzięcia Najświętszej Maryi Panny (15 sierpnia). Od wieków wybrał Bóg Maryję na Matkę swego Syna. Dlatego zachował ją od zarania Jej życia od wszelkiej zmazy grzechu.
Po ukończeniu swego ziemskiego życia została Maryja z duszą i ciałem wzięta do niebieskiej szczęśliwości.

Wszechmogący, wieczny Boże,
Ty zachowałeś błogosławioną Dziewicę Maryję, która nam zrodziła Chrystusa, od wszelkiego grzechu i wyniosłeś Ją z duszą i ciałem do chwały niebieskiej. Prosimy Cię, abyśmy spoglądając na ten znak nadziei i pociechy, wytrwali na tej drodze, która prowadzi do Twego królestwa.
Przez Jezusa Chrystusa, Twojego Syna, naszego Pana i Boga. Amen.

DER ROSENKRANZ

Wie betet man den Rosenkranz?

Der Rosenkranz ist ein betrachtendes Gebet. Am leichtesten lernt man ihn in Gemeinschaft beten. Dabei erlebt man die einzelnen Ave Maria eines jeden Gesätzes wie Wellenschläge oder wie Atemzüge. Wir verweilen bei den jeweiligen Heilsgeheimnissen des Herrn in seiner Kindheit, in seinem Leiden und in seiner Herrlichkeit.
Unter den vielen Gebeten und Liedern hat das Rosenkranzgebet seine besondere Bedeutung.

> Das Rosenkranzgebet ist wie die Summe des ganzen Evangeliums.

Papst Paul VI.

Der Rosenkranz übt ein in den Glaubensgehorsam, er nährt Hoffnung und Liebe und ist eine mächtige Fürbitte in den vielen Nöten der einzelnen Menschen und der ganzen Welt. Insbesondere wird er – gemäß der Botschaft von Fatima – gebetet um die Bekehrung Rußlands und für den Frieden der Welt.
Jedes Gesätz beginnt mit dem Vaterunser. Es folgt zehnmal das Ave Maria; nach dem Namen „Jesus“ wird jedesmal das entsprechende Geheimnis eingefügt. Das Gesätz schließt mit dem Ehre sei dem Vater.

Eröffnung

> Im Namen des Vaters...
> Ich glaube an Gott... Ehre sei dem Vater... Vater unser... Gegrüßet seist du, Maria...
> Jesus, der in uns den Glauben vermehre
> Jesus, der in uns die Hoffnung stärke
> Jesus, der in uns die Liebe entzünde
> Ehre sei dem Vater...

Die freudenreichen Geheimnisse:

> Jesus, den du, o Jungfrau, vom Heiligen Geist empfangen hast
> Jesus, den du, o Jungfrau, zu Elisabet getragen hast
> Jesus, den du, o Jungfrau, (in Betlehem) geboren hast
> Jesus, den du, o Jungfrau, im Tempel aufgeopfert hast
> Jesus, den du, o Jungfrau, im Tempel wiedergefunden hast

Jak odmawia się różaniec?

Różaniec jest medytacją. Najłatwiej uczymy się go odmawiać we wspólnocie, przeżywając pojedyncze „Zdrowaś" każdej tajemnicy jak rytm fal morskich albo tempo ludzkiego oddechu. Rozważamy przy tym zbawcze tajemnice z dzieciństwa, cierpienia i chwały naszego Pana Jezusa Chrystusa.
Różaniec zajmuje szczególne miejsce wśród licznych modlitw i pieśni.

Modlitwa różańcowa jest streszczeniem całej Ewangelii.

Papież Paweł VI

Różaniec uczy posłuszeństwa w wierze, ożywia nadzieję i miłość, jest potężną pomocą w licznych troskach pojedynczych ludzi i całego świata. Szczególnie trzeba go, zgodnie z wolą Matki Bożej Fatimskiej, odmawiać w intencji nawrócenia Rosji i pokoju na świecie.
Każda część różańca rozpoczyna się Modlitwą Pańską. Po niej odmawia się dziesięć „Zdrowaś Maryjo"; po imieniu Jezus można wspomnieć odpowiednią tajemnicę. Na koniec mówimy „Chwała Ojcu".

Różaniec rozpoczyna się wstępem, na który składa się:

znak krzyża świętego, wyznanie wiary, „Chwała Ojcu", „Ojcze nasz", trzy „Zdrowaś Maryjo" o wiarę, nadzieję i miłość oraz powtórnie „Chwała Ojcu".

Tajemnice radosne:

Zwiastowanie Najświętszej Maryi Panny (Któregoś Ty, o Panno, z Ducha Świętego poczęła);
Nawiedzenie św. Elżbiety (Któregoś Ty, o Panno, do Elżbiety nosiła);
Narodzenie Pana Jezusa (Któregoś Ty, o Panno, w Betlejem urodziła);
Ofiarowanie Pana Jezusa (Któregoś Ty, o Panno, w świątyni ofiarowała);
Znalezienie dwunastoletniego Pana Jezusa w świątyni jerozolimskiej (Któregoś Ty, o Panno, w świątyni odnalazła).

Die schmerzhaften Geheimnisse:

Jesus, der für uns Blut geschwitzt hat
Jesus, der für uns gegeißelt worden ist
Jesus, der für uns mit Dornen gekrönt worden ist
Jesus, der für uns das schwere Kreuz getragen hat
Jesus, der für uns gekreuzigt worden ist

Die glorreichen Geheimnisse:

Jesus, der von den Toten auferstanden ist
Jesus, der in den Himmel aufgefahren ist
Jesus, der uns den Heiligen Geist gesandt hat
Jesus, der dich, o Jungfrau, in den Himmel aufgenommen hat
Jesus, der dich, o Jungfrau, im Himmel gekrönt hat

Das Gebet des Rosenkranzes ist *biblisch;* es bewahrt die Worte der Heiligen Schrift.
Das Gebet des Rosenkranzes ist *meditativ;* es führt zur Betrachtung.
Das Gebet des Rosenkranzes ist *einfach;* jeder kann diese Sprache verstehen. Einfachheit ist der Prüfstein der Wahrheit.

Tajemnice bolesne:

Modlitwa Pana Jezusa w Ogrójcu (Który za nas krwawym potem się pocił);
Biczowanie (który za nas był biczowany);
Cierniem ukoronowanie (Który za nas był cierniem ukoronowany);
Dźwiganie krzyża (Który za nas ciężki krzyż dźwigał);
Śmierć Pana Jezusa na krzyżu (Który za nas na krzyżu umierał).

Tajemnice chwalebne:

Zmartwychwstanie Pana Jezusa (Który dla nas zmartwychwstał);
Wniebowstąpienie (Który wstąpił do nieba);
Zesłanie Ducha Świętego (Który nam Ducha Świętego zesłał);
Wniebowzięcie Najświętszej Maryi Panny (Który Cię, Matko, wziął do nieba);
Ukoronowanie Najświętszej Maryi Panny (Który Cię, Matko, na królowę nieba i ziemi ukoronował).

Różaniec jest modlitwą *biblijną;* rozważamy w nim słowa Pisma Świętego.
Różaniec jest *medytacją.*
Różaniec jest *modlitwą prostą.* Każdy może go bez trudu odmawiać.
Prostota jest probierzem prawdy.

FÜRBITTE

Wie für alle beten?

Wer als Christ den Nächsten liebt, wie er sich selbst liebt – gemäß dem Hauptgebot der Liebe –, der kann ihn auch im Gebet nicht vergessen. Wenn er mit offenen Augen die Mitmenschen sieht, ihre Nöte, ihre Sorgen, ihre Schwierigkeiten, ihre Gefährdungen, auch ihre Sünden und ihren Unglauben – so wird er die Menschen und die Welt mit ins Gebet nehmen. Er wird Gutes für alle wünschen – wie Gott es will, wie er es fügt, wann er es will. Er wird die Mitmenschen gewissermaßen Gott ans Herz legen – im Bewußtsein, daß dies ganz und ohnehin der Gesinnung Gottes zu uns Menschen entspricht.
Ein altes Gebet der Fürbitte, das jahrhundertelang in unseren Gottesdiensten immer wieder gebetet wurde, ist *das allgemeine Gebet des heiligen Petrus Canisius.* Er hat es selber verfaßt und einem Brief aus Augsburg an einen Freund beigelegt. Das Gebet stand auch in seinem berühmten Katechismus. In heutiger Fassung steht es in unserem Gotteslob (Nr. 790, S. 885) und kann auch heute noch Muster und Anregung einer allgemeinen Fürbitte sein.

Das allgemeine Gebet

V Allmächtiger, ewiger Gott, Herr, himmlischer Vater! Sieh an mit den Augen deiner Barmherzigkeit den Jammer der Menschen, ihr Elend und ihre Not. Erbarme dich aller Gläubigen, für die dein Sohn, unser Herr und Heiland Jesus Christus, sich freiwillig in die Hände der Sünder gegeben und sein kostbares Blut am Stamm des Kreuzes vergossen hat.
A Durch diesen Herrn Jesus Christus / wende ab, gütiger Vater, die wohlverdienten Strafen / gegenwärtige und zukünftige Gefahren, / Aufruhr, Krieg, Teuerung, / Krankheiten und unheilvolle Zeiten.

V Erleuchte und stärke in allem Guten die geistlichen und weltlichen Vorgesetzten, damit sie alles fördern, was deiner Ehre und unserem Heil dient, zum allgemeinen Frieden und zur Wohlfahrt der ganzen Welt.
A Verleihe uns, o Gott des Friedens, / rechte Vereinigung im Glauben ohne alle Spaltung und Trennung. / Bekehre unsere Herzen zur wahren Buße und Besserung des Lebens. / Entzünde in uns das Feuer deiner Liebe. / Gib uns Eifer und Hunger nach aller Gerechtigkeit, / damit wir, deinem Willen gehorsam, im Leben und Sterben dir angenehm und wohlgefällig sind.

MODLITWA WSTAWIENNICZA

Jak modlić się za wszystkich?

Kto jako chrześcijanin, zgodnie z prawem miłości, kocha bliźniego jak siebie samego, ten nie może o nim zapomnieć i w modlitwie. Kto nie jest ślepy na ludzkie biedy, troski, trudności, zagrożenia, grzechy i niewiarę, ten czuje się zobowiązany do modlitwy za wszystkich ludzi i cały świat. Kto życzy ludziom dobrze, ten będzie ich miłości Bożej polecać w świadomości, że odpowiada to nastawieniu Boga wobec rodzaju ludzkiego.
Starym przykładem takiego wstawiennictwa jest powtarzana od wieków w naszym nabożeństwie modlitwa powszechna świętego Piotra Kanizjusza. On sam ją ułożył i dołączył do listu wysłanego z Augsburga do swego przyjaciela. Potem umieścił ją w swoim słynnym katechizmie. We współczesnej szacie językowej może jeszcze dziś służyć jako przykład modlitwy powszechnej.

Oto jej treść:

Wszechmogący Panie, wieczny Boże, Ojcze niebieski! Spójrz oczami Twego miłosierdzia na nędzę człowieka, jego biedę i potrzeby. Zmiłuj się nad wszystkimi wiernymi, za których Twój Syn, a nasz Pan i Zbawiciel Jezus Chrystus, się dobrowolnie oddał w ręce grzeszników i wylał swą kosztowną krew na drzewie krzyża. Przez tegoż Pana Jezusa Chrystusa odwróć, dobry Ojcze, zasłużone kary, obecne i przyszłe niebezpieczeństwa, powstania, wojny, drożyzna, choroby i wszelkie groźby.

Oświeć i umocnij we wszelkim dobru naszych duchownych i świeckich przełożonych, aby czynili wszystko, co służy Twej czci i naszemu zbawieniu, dla powszechnego pokoju i dobra całego świata.
Boże pokoju, udziel nam prawdziwej jedności we wierze, bez jakichkolwiek podziałów i pęknięć. Nawróć nasze serca do szczerej pokuty i poprawy życia. Roznieć w nas ogień Twojej miłości. Daj nam gorliwość i pragnienie sprawiedliwości, abyśmy posłuszni Twej woli, podobali się Tobie i znaleźli łaskę w życiu i śmierci.

V Wir bitten dich, wie du willst, o Gott, daß wir bitten sollen, für unsere Freunde und Feinde, für Gesunde und Kranke, für Betrübte und Bedrängte, für Lebende und Verstorbene.
A Dir, o Gott, sei empfohlen unser Tun und Lassen, / unser Handel und Wandel, / unser Leben und Sterben. / Laß uns hier in deiner Gnade leben / und dort in der Gemeinschaft der Heiligen dich ewig loben und ehren. / Das verleihe uns, Herr, himmlischer Vater, / durch Jesus Christus, deinen lieben Sohn, unsern Herrn und Heiland, / der mit dir und dem Heiligen Geiste als gleicher Gott lebt und herrscht in Ewigkeit. Amen.

2. Jedes Geschöpf lebt von der Frucht der Erde; / doch daß des Menschen Herz gesättigt werde, / hast du vom Himmel Speise uns gegeben / zum ewgen Leben.
3. Wir, die wir alle essen von dem Mahle / und die wir trinken aus der heilgen Schale, / sind Christi Leib, sind seines Leibes Glieder / und alle Brüder.
4. Aus vielen Körnern ist ein Brot geworden: / so führ auch uns, o Herr, aus allen Orten / zu einer Kirche brüderlich zusammen / in Jesu Namen.
5. In einem Glauben laß uns dich erkennen, / in einer Liebe dich den Vater nennen; / eins laß uns sein wie Beeren einer Traube, / daß die Welt glaube.
6. Gedenke, Herr, die Kirche zu erlösen, / sie zu befreien aus der Macht des Bösen, / als Zeugen deiner Liebe uns zu senden / und zu vollenden.

T: Maria Luise Thurmair 1969
M: Johann Crüger 1640

Prosimy Cię, o Boże, jeżeli to odpowiada Twojej woli, za naszych przyjaciół i wrogów, za zdrowych i chorych, smutnych i uciśnionych, za żywych i umarłych.
Polecamy Ci, o Boże, nasze uczynki i zaniedbania, życie i śmierć. Pozwól nam na ziemi żyć w Twojej łasce, a w niebie Cię czcić i chwalić na wieki ze wszystkimi świętymi. Udziel nam tego, Panie, Ojcze niebieski, przez Jezusa Chrystusa, Twego umiłowanego Syna, naszego Pana i Zbawiciela, który z Tobą, w jedności Ducha Świętego, równy Ci bóstwem, żyje i króluje na wieki. Amen.

2. Dziękujemy Ci, Ojcze nasz, * za życie i za wiarę, * którą nam poznać dałeś * przez Jezusa, Syna Twego. * Tobie chwała na wieki.

3. Dziękujemy Ci, Ojcze nasz, * za święte imię Twoje, * któremu zgotowałeś * mieszkanie w sercach naszych. * Tobie...

4. Dziękujemy Ci, Ojcze nasz, * za wiarę i za nieśmiertelność, * którą nam poznać dałeś * przez Jezusa, Syna Twego. * Tobie...

5. Ty, o Panie wszechmocny, * stworzyłeś wszystko dla imienia swego, * pokarm i napój dałeś * ludziom na pożywienie. * Tobie...

6. Nam zaś darowałeś * pokarm duchowy oraz napój * i żywot wieczny * przez Jezusa, Syna Twego: * Tobie...

Drei gute Worte

1. Ein Bibelwort:

Spruch des Herrn: Ich, ich kenne meine Pläne, die ich für euch habe;
Pläne des Heils und nicht des Unheils;
denn ich will euch eine Zukunft und eine Hoffnung geben.
Wenn ihr mich ruft, wenn ihr kommt und zu mir betet, so erhöre ich euch.
Sucht ihr mich, so findet ihr mich.
Wenn ihr von ganzem Herzen nach mir fragt, lasse ich mich von euch finden.

Jer 29,10

2. Ein Wort aus der heiligen Messe

Erlöse uns, Herr, allmächtiger Vater, von allem Bösen
und gib Frieden in unseren Tagen.
Komm uns zu Hilfe mit deinem Erbarmen
und bewahre uns vor Verwirrung und Sünde, damit wir voll Zuversicht das Kommen unseres Erlösers Jesus Christus erwarten.
Denn dein ist das Reich und die Kraft und die Herrlichkeit in Ewigkeit.
Amen.

3. Ein Wort der kirchlichen Überlieferung

Die Barmherzigkeit will, daß du barmherzig bist,
und die Gerechtigkeit will, daß du gerecht bist,
damit im Geschöpf der Schöpfer sichtbar wird
und im Spiegel des Menschenherzens das Bild Gottes erglänzt.

Leo der Große (gestorben 461)

Trzy myśli końcowe

1. Z Pisma Świętego:

Jestem bowiem świadomy zamiarów, jakie zamyślam co do was – wyrocznia Pana – zamiarów pełnych pokoju, a nie zguby, by zapewnić wam przyszłość, jakiej oczekujecie.
Będziecie mnie wzywać, zanosząc do mnie swe modły, a ja was wysłucham.
Będziecie mnie szukać i znajdziecie mnie. Ja sam sprawię, że mnie znajdziecie, jeżeli szukać mnie będziecie z całego serca.

Jer 29,11–14

2. Ze Mszy świętej:

Wybaw nas, Panie, od zła wszelkiego i obdarz nasze czasy pokojem. Wspomóż nas w swoim miłosierdziu, abyśmy zawsze wolni od grzechu i bezpieczni od wszelkiego zamętu, pełni nadziei oczekiwali przyjścia naszego Zbawiciela, Jezusa Chrystusa.
Bo Twoje jest królestwo i potęga, i chwała na wieki.
Amen.

3. Z Tradycji kościelnej:

Miłosierdzie chce, byś był miłosierny,
a sprawiedliwość chce, byś był sprawiedliwy,
aby widoczny był Stwórca w swoich stworzeniach
i obraz Boży jaśniał w zwierciadle ludzkiego serca.

Św. Grzegorz Wielki (+461)

Ein Nachwort

Ein so kleines Buch wie dieses kann nicht mehr als *Zugänge eröffnen* zu der Fülle des christlichen Glaubens. Was Bibel und Kirche von Gott und von den Menschen zu sagen haben, ist weit und groß; auch die Vielfalt all dessen, was als Ausdruck und Verkörperung des Glaubens in 2000 Jahren gewachsen ist, ist unerschöpflich. Hier also kann es sich nur um einige Zugänge handeln. Zugänge zum Christlichen scheinen in der heutigen Zeit eine unerläßliche Aufgabe zu sein. Was Christsein bedeutet, wissen viele nicht. Darum möchte dieses kleine Buch ein kurzgefaßtes Grundwissen vermitteln.

Als Hilfe für den Leser seien einige Hinweise erlaubt.

Unsere Welt hat sich seit dem Ersten Vatikanum (1869–1870) sehr gewandelt. Es war das Anliegen des Zweiten Vatikanums, die Kirche und das Bewußtsein der Gläubigen für die heutige Situation aufzuschließen, die Zeichen der Zeit zu erkennen und damit die Aufgabe, die uns Gott dabei stellt. Diese Aufgabe ist mit den Beschlüssen dieses Konzils nicht erledigt, sondern hat damit erst begonnen und sie dauert an, und zwar unter schwieriger gewordenen Umständen.

Wenn vor hundert Jahren die Familien in unserem Volk vielfach kinderreich waren, die Ehen heute aber kinderarm sind, so heißt das für die Kirche, für die Gemeinschaft der Glaubenden, daß der Nachwuchs auch für geistliche Berufe geringer wird. Das schafft in der Kirche unseres Landes eine neue Situation. Es wird deutlich, daß alle Christen um die Weitergabe des Glaubens mit Sorge tragen müssen – dazu war immer schon jeder Gläubige berufen. Aber der Glaube selber ist hierzulande und in vielen Herzen schwach geworden oder „verdunstet". Dabei haben wir die gläubige Zuversicht und das Vertrauen auf Gott, der zu seiner Schöpfung und seiner Menschheit steht, gerade in den Gefahren unserer Zeit und Umwelt besonders nötig. Wir können diese Zuversicht neu lernen gerade von den jungen Kirchen in der Dritten Welt, deren Probleme oft noch größer sind als die unseren und deren Wagemut und Glaubenskraft auf uns ansteckend wirken könnte.

Posłowie

Trudno w tak małej książce otworzyć dostęp do bogactwa wiary chrześcijańskiej. Pismo Święte i Kościół mają wiele do powiedzenia o Bogu i człowieku. Niewyczerpana jest różnorodność tego, co powiedziano o wierze w ciągu 2000 lat. Dlatego można tu mówić tylko o usiłowaniach otworzenia dostępu do pewnych prawd wiary. Usiłowania te wydają się jednak nieodzowne w dzisiejszym świecie. Niewiele ludzi ma bowiem właściwe pojęcie o chrześcijaństwie. Dlatego powtarzamy, że książka ta chce przekazać tylko krótko ujęte prawdy podstawowe.

A oto kilka wskazówek dla naszych czytelników.

Nasz świat bardzo się zmienił od czasów Soboru Watykańskiego I (1869–1870). Sobór Watykański II postawił sobie za zadanie uwrażliwić Kościół i świadomość wiernych na sytuację świata współczesnego, odczytać znaki czasu i przez to wypełnić zadania, postawione przez Boga. Nie dokonają tego same postanowienia soborowe. Trzeba je nieustannie wcielać w życie, często w coraz trudniejszych okolicznościach.

Jeszcze przed stu laty mieliśmy liczne rodziny wielodzietne. Dziś takie rodziny należą do wyjątków. Oznacza to dla Kościoła jako społeczności wiernych, że jest również coraz mniej powołań duchownych. Stawia to Kościół naszego kraju w całkiem nowej sytuacji. Coraz jaśniejszym się staje, że wszyscy chrześcijanie winni się troszczyć o przekazywanie wiary, do czego zresztą już zawsze byli powołani. Ta wiara jednak w naszym kraju osłabła, niejako „wyparowała" z wielu serc.
Właśnie dlatego potrzeba nam wśród współczesnych zagrożeń naszego społeczeństwa mocnego zawierzenia Bogu i płynącej z wiary świadomości, że nie opuści On ludzkości i całego stworzenia.
Ufności tej możemy się uczyć od młodych Kościołów trzeciego świata, fascynujących odwagą i niezłomną wiarą w rozwiązywaniu swych, częstokroć większych od naszych poblemów.

Wenn ich ein gläubiger Christ sein oder werden will, dann muß ich folgendes ernst nehmen:

- Ich muß loskommen vom Egoismus, der immer mehr haben oder genießen will.
- Ich muß frei werden von der Überfütterung durch nutzlose Informationen und Unterhaltung.
- Ich muß mich dafür einsetzen, daß ich mit meinen Mitmenschen die Zukunft gewinnen kann.
- Ich muß einer werden, der im Glauben an den Schöpfer die Zuversicht hat, daß die Welt und unser Leben in Gottes guten Händen liegt, was immer auch kommen mag.

Damit begebe ich mich in die Nachfolge Christi, die Selbstlosigkeit und Selbstüberwindung einschließt; damit begebe ich mich in ein besinnliches, betendes Leben, das immer wieder auch der Stille bedarf. Damit suche ich nach einem Lebensstil, der die Nöte der Menschen ernst nimmt. Das alles vermag ich in der Gemeinschaft der Kirche, mit der ich lebe; aus dem Geist, den Jesus Christus gibt; aus der Gnade, die diese Kirche aus schwachen Menschen trägt und hält.
Christen, die so leben, dürfen gewiß sein: In alledem eröffnen wir den Kindern und denen, die mit uns leben, Zugänge zum gläubigen Dasein heute. Christen sind nüchterne Gläubige, wache Zeitgenossen, kritische Beobachter; keine angstvollen Panikmacher und schon gar keine esoterisch Erleuchteten. Ihre Füße bleiben auf dem steilen und steinigen Boden dieser Welt; aber ihr Herz will Gott und den Menschen gehören. Sie vertrauen dem unbegreiflichen barmherzigen Gott und sie stellen sich jedem, der sie nach ihrem Glauben und nach ihrer Hoffnung befragt. Mit ihnen zu reden lohnt sich, mit ihnen zu leben macht froh; mit ihnen zu beten verbindet mit allen Menschen auf dieser Welt, vor Gott und mit Gott. Christen schließen alle ein, wenn sie rufen:

Vater, dein Reich komme!

Jeżeli chcę zasłużyć sobie na miano chrześcijanina, to muszę:

- uwolnić się od egoizmu, który sprawia, że chcemy coraz więcej posiadać i używać;
- nie pozwolić się „szpikować" niepotrzebnymi informacjami i rozrywkami;
- wspólnie z bliźnimi walczyć o przyszłość świata;
- ze swej wiary w Stwórcę czerpać pewność, że cały świat i nasze życie spoczywają w dobrych rękach Boga, niezależnie od tego, co przyniesie przyszłość.

Oto droga naśladowania Chrystusa, która zakłada pokorę i zaparcie się samego siebie w życiu wypełnionym medytacją, modlitwą i wyciszeniem. Konieczne jest przy tym wypracowanie sobie takiego stylu życia, który poważnie traktuje potrzeby człowieka. Osiągnąć to można przez życie we wspólnocie Kościoła dzięki Duchowi, którego Jezus udziela i łasce Bożej.
Ten Kościół składający się ze słabych ludzi, podtrzymuje i zachowuje.
Chrześcijanie, którzy w ten sposób postępują, mogą być pewni, że otwierają swym dzieciom i wszystkim ludziom ze swego otoczenia dostęp do życia w wierze dziś. Chrześcijanie nie są panikarzami ani ezoterycznymi fantastami, lecz trzeźwymi w wierze, czujnymi współczesnymi ludźmi i krytycznymi obserwatorami. Ich nogi stąpają pewnie po stromych i kamienistych ścieżkach tego świata, ich serca należą do Boga i ludzi. Ufają niepojętemu, miłosiernemu Bogu i okazują się wiarygodni wobec każdego, kto żąda od nich rachunku z ich wiary i nadziei. Rozmowa z nimi przynosi korzyści, obcowanie z nimi – radość. Kto razem z nimi się modli, trwa w obliczu Boga i łączy się ze wszystkimi ludźmi na całym świecie. Chrześcijanie obejmują wszystkich ludzi, kiedy wołają:

Ojcze, przyjdź królestwo Twoje!

ANHANG – AUSGEWÄHLTE TEXTE DER HL. MESSE:

Zur Begrüßung

Die Gnade unseres Herrn Jesus Christus, die Liebe Gottes des Vaters und die Gemeinschaft des Heiligen Geistes sei mit euch!

Oder:

Der Herr sei mit euch!

Antwort:

Und mit deinem Geiste.

Der Bußakt:

Ich bekenne Gott, dem Allmächtigen, und allen Brüdern und Schwestern, daß ich Gutes unterlassen und Böses getan habe – ich habe gesündigt in Gedanken, Worten und Werken durch meine Schuld, durch meine Schuld, durch meine große Schuld. Darum bitte ich die selige Jungfrau Maria, alle Engel und Heiligen und euch, Brüder und Schwestern, für mich zu beten bei Gott, unserem Herrn.

Die Kyrie-Rufe

Herr,
erbarme dich (unser).
Christus,
erbarme dich (unser).
Herr, erbarme
dich (unser).

Beispiel eines Tagesgebetes

Gott, unser Vater,
wir sind dein Eigentum
und setzen unsere Hoffnung
allein auf deine Gnade.
Bleibe uns nahe in jeder
Not und Gefahr und schütze uns.
Darum bitten wir durch Jesus Christus.

Gebete zur Gabenbereitung

Gepriesen bist du, Herr, unser Gott, Schöpfer der Welt. Du schenkst uns das Brot, die Frucht der Erde und der menschlichen Arbeit. Wir bringen dieses Brot vor dein Angesicht, damit es uns das Brot des Lebens werde.
Gepriesen bist du, Herr, unser Gott, Schöpfer der Welt. Du schenkst uns den Wein, die Frucht des Weinstocks und der menschlichen Arbeit. Wir bringen diesen Kelch vor dein Angesicht, damit er uns der Kelch des Heiles werde.

DODATEK – WYBRANE TEKSTY MSZY ŚWIĘTEJ:

Pozdrowienie

K: Miłość Boga Ojca, łaska naszego Pana Jezusa Chrystusa i dar jedności w Duchu Świętym niech będą z wami wszystkimi.
W: I z duchem twoim.

Albo:

K: Pan z wami
W: I z duchem twoim.

Akt pokuty:

Spowiadam się Bogu wszechmogącemu i wam, bracia i siostry że bardzo zgrzeszyłem myślą, mową, uczynkiem i zaniedbaniem: moja wina, moja wina, moja bardzo wielka wina. Przeto błagam Najświętszą Maryję, zawsze Dziewicę, wszystkich Aniołów i Świętych * i was, bracia i siostry, o modlitwę za mnie do Pana Boga naszego.

Wezwania do Chrystusa Pana

Panie, zmiłuj się nad nami. Chryste, zmiłuj się nad nami. Panie, zmiłuj się nad nami.

Przykład Kolekty

Boże, nasz Ojcze, jesteśmy Twoją własnością i pokładamy naszą nadzieję jedynie w Twojej łasce. Bądź z nami i chroń nas w każdym utrapieniu i niebezpieczeństwie. Przez naszego Pana Jezusa Chrystusa.

Przygotowánie darów

Błogosławiony jesteś, Panie, Boże wszechświata, bo dzięki Twojej hojności otrzymaliśmy chleb, który jest owocem ziemi i pracy rąk ludzkich; Tobie go przynosimy, aby stał się dla nas chlebem życia.
Błogosławiony jesteś, Panie, Boże wszechświata, bo dzieki Twojej hojności otrzymaliśmy wino, które jest owocem winnego krzewu i pracy rąk ludzkich; Tobie je przynosimy, aby stało się dla nas napojem duchowym.

Einladung zum Gabengebet

Lasset uns beten zu Gott, dem allmächtigen Vater, daß er die Gaben der Kirche annehme zu seinem Lob und zum Heil der ganzen Welt.

P Betet, Brüder und Schwestern, daß mein und euer Opfer Gott, dem allmächtigen Vater gefalle.
A Der Herr nehme das Opfer an aus deinen Händen / zum Lob und Ruhme seines Namens, / zum Segen für uns und seine ganze heilige Kirche.

Beispiel eines Gabengebetes

Herr, unser Gott,
du hast Brot und Wein geschaffen, um uns Menschen in diesem vergänglichen Leben Nahrung und Freude zu schenken.
Mache diese Gaben zum Sakrament, das uns ewiges Leben bringt.
Darum bitten wir durch Christus, unseren Herrn.

Beispiel einer Präfation

P Der Herr sei mit euch.
A Und mit deinem Geiste.
P Erhebet die Herzen.
A Wir haben sie beim Herrn.
P Lasset uns danken dem Herrn, unserm Gott.
A Das ist würdig und recht.

In Wahrheit ist es würdig und recht, dir, Herr, heiliger Vater, immer und überall zu danken durch deinen geliebten Sohn Jesus Christus. Er ist dein Wort, durch ihn hast du alles erschaffen. Ihn hast du gesandt als unseren Erlöser und Heiland: Er ist Mensch geworden durch den Heiligen Geist, geboren von der Jungfrau Maria. Um deinen Ratschluß zu erfüllen und dir ein heiliges Volk zu erwerben, hat er sterbend die Arme ausgebreitet am Holze des Kreuzes. Er hat die Macht des Todes gebrochen und die Auferstehung kundgetan. Darum preisen wir dich mit allen Engeln und Heiligen und singen vereint mit ihnen das Lob deiner Herrlichkeit:

Wezwanie do modlitwy

Módlmy się, aby Bóg, Ojciec wszechmogący przyjął Ofiarę Kościoła na swoją chwałę i za zbawienie całego świata.

K: Módlcie się, aby moją i waszą Ofiarą przyjął Bóg, Ojciec wszechmogący.
W: Niech Pan przyjmie Ofiarę z rąk twoich na cześć i chwałę swojego imienia, a także na pożytek nasz i całego Kościoła świętego.

Przykład modlitwy nad darami

Panie, nasz Boże, Ty stworzyłeś chleb i wino, aby nas ludzi obdarzyć pokarmem i radością w naszym doczesnym życiu.
Uczyń te dary sakramentem, który nam udzieli życia wiecznego. Przez Chrystusa, Pana naszego.

Przykład prefacji

K: Pan z wami.
W: I z duchem twoim.
K: W górę serca.
W: Wznosimy je do Pana.
K: Dzięki składajmy Panu Bogu naszemu.
W: Godne to i sprawiedliwe.

Zaprawdę, godne to i sprawiedliwe, słuszne i zbawienne, abyśmy Tobie, Ojcze święty, zawsze i wszędzie składali dziękczynienie przez umiłowanego Syna Twojego, Jezusa Chrystusa. On jest Słowem Twoim, przez które wszystko stworzyłeś. Jego nam zesłałeś jako Zbawiciela i Odkupiciela, który stał się człowiekiem za sprawą Ducha Świętego i narodził się z Dziewicy. On spełniając Twoją wolę, nabył dla Ciebie lud święty, gdy wyciągnął swoje ręce na krzyżu, aby śmierć pokonać i objawić moc Zmartwychwstania. Dlatego z Aniołami i wszystkimi Świętymi głosimy Twoją chwałę, razem z nimi wołając:

Das Sanctus

Heilig, heilig, heilig
Gott, Herr aller Mächte und Gewalten.
Erfüllt sind Himmel und Erde
von deiner Herrlichkeit.
Hosanna in der Höhe.
Hochgelobt sei,
der da kommt
im Namen des Herrn.
Hosanna in der Höhe.

Nach der Wandlung

P Geheimnis des Glaubens:
A Deinen Tod, o Herr, verkünden wir, und deine Auferstehung preisen wir, bis du kommst in Herrlichkeit.

Abschluß des Hochgebetes

Durch ihn und mit ihm und in ihm ist dir, Gott, allmächtiger Vater, in der Einheit des Heiligen Geistes alle Herrlichkeit und Ehre jetzt und in Ewigkeit. Amen.

Nach dem Vaterunser

Erlöse uns Herr, allmächtiger Vater, von allem Bösen und gib Frieden in unseren Tagen. Komm uns zu Hilfe mit deinem Erbarmen und bewahre uns vor Verwirrung und Sünde, damit wir voll Zuversicht das Kommen unseres Erlösers Jesus Christus erwarten.
Denn dein ist das Reich und die Kraft und die Herrlichkeit in Ewigkeit. Amen.

Das Friedensgebet

Der Herr hat zu seinen Aposteln gesagt: Frieden hinterlasse ich euch, meinen Frieden gebe ich euch. Deshalb bitten wir: Herr Jesus Christus, schau nicht auf unsere Sünden, sondern auf den Glauben deiner Kirche und schenke ihr nach deinem Willen Einheit und Frieden.
P Der Friede des Herrn sei allezeit mit euch.
A Und mit deinem Geiste.

Sanctus

Święty, Święty, Święty, Pan Bóg Zastępów.
Pełne są niebiosa i ziemia chwały Twojej.
Hosanna na wysokości.
Błogosławiony, który idzie w imię Pańskie.
Hosanna na wysokości.

Po przemienieniu

K: Oto wielka tajemnica wiary.
W: Głosimy śmierć Twoją, Panie Jezu, wyznajemy Twoje zmartwychwstanie i oczekujemy Twego przyjścia w chwale.

Zakończenie modlitwy eucharystycznej

Przez Chrystusa, z Chrystusem i w Chrystusie, Tobie, Boże, Ojcze wszechmogący, w jedności Ducha Świętego, wszelka cześć i chwała, przez wszystkie wieki wieków. Amen.

Modlitwa po „Ojcze nasz"

Wybaw nas, Panie, od zła wszelkiego i obdarz nasze czasy pokojem. Wspomóż nas w swoim miłosierdziu, abyśmy zawsze wolni od grzechu i bezpieczni od wszelkiego zamętu, pełni nadziei oczekiwali przyjścia naszego Zbawiciela, Jezusa Chrystusa.
Bo Twoje jest królestwo i potęga, i chwała na wieki.

Modlitwa o pokój

K: + Panie Jezu Chryste: Tyś powiedzial swoim Apostołom: Pokój wam zostawiam, pokój mój wam daję. Prosimy Cię, nie zważaj na grzechy nasze, lecz na wiarę swojego Kościoła i zgodnie z Twoją wolą napełniaj go pokojem i doprowadź do pełnej jedności.
K: Pokój Pański niech zawsze będzie z wami.
W: I z duchem twoim.

Gebete vor der Kommunionspendung

Seht das Lamm Gottes, das hinwegnimmt die Sünde der Welt.
Herr, ich bin nicht würdig, daß du eingehst unter mein Dach, aber sprich nur ein Wort, so wird meine Seele gesund.

Beispiel eines Schlußgebetes

Barmherziger Gott,
du hast uns teilhaben lassen an dem einen Brot und dem einen Kelch. Laß uns eins werden in Christus und Diener der Freude sein für die Welt. Darum bitten wir durch Christus, unseren Herrn.

Segen und Entlaßgruß

P Der Herr sei mit euch.
A Und mit deinem Geiste.
P Es segne euch der allmächtige Gott, der Vater und der Sohn und der Heilige Geist.
A Amen.
P Gehet hin in Frieden.
A Dank sei Gott dem Herrn.

Komunia święta

Oto Baranek Boży, który gładzi grzechy świata. Błogosławieni, którzy zostali wezwani na Jego ucztę. Panie, nie jestem godzien, abyś przyszedł do mnie, ale powiedz tylko słowo, a będzie uzdrowiona dusza moja.

Przykład modlitwy końcowej

Miłosierny Boże,
Ty pozwoliłeś nam spożywac ten sam Chleb i pić z jednego Kielicha. Spraw, abyśmy zjednoczeni w Chrystusie, nieśli radość całemu światu. Przez tegoż Chrystusa, Pana naszego.

Obrzędy zakończenia

K: Pan z wami.
W: I z duchem twoim.
K: Niech was błogosławi Bóg wszechmogący, Ojciec i+ Syn, i Duch Święty.
W: Amen.
K: Idźcie w pokoju Chrystusa.
W: Bogu niech będą dzięki.

Informationen
aus dem
VERLAG THOMAS **PLÖGER**

... und machen einander reich.

Beiträge zur Arm/Reich-Problematik reflektiert am Lukasevangelium

Wer sind die armen Reichen?
Und wer sind die reichen Armen?

Bischof Franz Kamphaus, Prof. Fritzleo Lentzen-Deis, Bischof Leo Schwarz und die Journalistin Christine Zauzich stellen sich in ihren Beiträgen der Forderung, den Reichtum und die Armut der Welt immer wieder neu zu überdenken. Das Vorwort schrieb Bischof Emil Stehle.

120 Seiten -
Broschur -
16,80 DM -
ISBN 3-924574-16-2

Alfons Heitkamp
Komm, wir beten!

Die besondere Gestaltungsmöglichkeit durch eigene Fotos gibt diesem Gebetbuch eine persönliche Note. Kinder und Eltern werden angeregt, vielfältige eigene Gebetserfahrungen zu finden.

48 Seiten - Broschur - 12,80 DM
ISBN 3-924574-20-0

G. Larcher

Symbol-Mythos-Sprache

Aus einem Forschungsgespräch in der Katholischen Akademie „Die Wolfsburg" entstand ein Werk mit Beiträgen von acht namhaften Wissenschaftlern.

207 Seiten, Broschur,
25,- DM - ISBN 3-924574-11-1

Luise Bröcker

Das Edith-Stein-Lesebuch

Bekannte Texte Edith Steins werden durch die Autorin übersichtlich kommentiert. Schritt für Schritt gelangt der Leser zu einem tieferen Verständnis dieser großen und christlichen Philosophin.

78 Seiten, Broschur,
12,80 DM, ISBN 3-924574-08-1

Clodomiro Siller

Hier wird der Reihe nach erzählt

Das Ereignis von Guadalupe
Urtext und Kommentar.

Was geschah vor 450 Jahren in Mexiko?

Die wohl wichtigste Botschaft der Evangelisierung in Lateinamerika:
Die Mutter Gottes erscheint einem armen Indio in Guadalupe/Mexiko.
Der harmonische und tiefgründige Erlebnisbericht — meisterhaft kommentiert von Clodomiro Siller.

112 Seiten, Broschur,
19,80 DM,
ISBN 3-924574-22-7